Machen 2.0

Mandels Making-of

Ebenfalls im chiliverlag erschienen (Auswahl):
Morden. Kurzkrimis, Marc Mandel
Machen!, Schreibrategeber, Marc Mandel
DEUS IUDEX MEUS – Nur Gott ist mein Richter, Ralf Seeger
Glasaugenstern – 101 Gedichte von Alex Dreppec
Tanze mit Raketenschuhen – Dance with Rocket Shoes, Alex Dreppec
Strohblumenstörung – Politische Dichtung der Gegenwart
Fassadenflucht, Politische Dichtung der Gegenwart II
PSYCHONYMOUS I – Vergeltung, Kurzkrimis
PSYCHONYMOUS II – Verzogen, Kurzkrimis
Lichtläufer, Gerwine Ogbuagu, Roman
Nachtschwarz, Himmelgrau, Kurzgeschichten, Horst Leiwig
Herzschlaf – Gedichte und Kurzprosa
Stimmwirbel – Gedichte, Michel Ackermann
Kodex Rosebud, Roman, Hans-Jörg Kühne
Kammer der Tränen, Vatikanroman, Ingo-Maria Langen
Klagelied winterzu, Gedichte, Fritz Deppert
Rückrufe, Gedichte, Fritz Deppert

EDITION avanti

1. Auflage Februar 2019

franchili / 74

Detaillierte bibliographische Daten sind unter http://dnb.ddb.de bei der Deutschen Nationalbibliographie abrufbar.

Lektorat, Gestaltung, Titel, Layout: chiliverlag
Verwendete Autorenfotos (Cover und innen): Ellen Eckhardt

ISBN 978-3-943292-76-3 www.chiliverlag.de

Marc Mandel

MACHEN 2.0

Mandels Making-of

Metrum, Mädchensongs, Metaphern

chiliverlag EDITION avanti

Inhalt

Intro

Mühelos lernen Kinder Gedichte auswendig – aus reiner Freude am Klang. Viele von uns verlieren den Spaß an Gedichten jedoch spätestens, wenn sie in der Schule etwas über Versfüße und Strophenformen hören, über vierhebige Jamben und das Reimschema axxa.

Dabei soll Lyrik doch Freude machen; Kindern wie Erwachsenen – was glücklicherweise überhaupt nichts mit dem Auswendiglernen von Fachausdrücken zu tun hat. Niemand braucht solch theoretisches Wissen, um gute Gedichte zu schreiben.

Deshalb hat Marc Mandel in seinen Schreibseminaren Methoden erarbeitet, mit denen mühelos Gedichte produziert werden können. Sie werden in diesem Buch erstmals veröffentlicht. Dabei richtet er sein Augenmerk insbesondere auf den mündlichen Vortrag, so dass diese Methoden vor allem von Rappern, Slammern und Liedermachern erfolgreich angewandt werden.

1. Lyrik aus Freude am Klang

Mühelos lernen Kinder Gedichte auswendig – aus reiner Freude am *Klang*.

Der Herr, der schickt den Jockel aus

Der Herr, der schickt den Jockel aus:
Er soll den Hafer schneiden,
Der Jockel schneidt den Hafer nicht
Und kommt auch nicht nach Haus.

(VOLKSMUND – so sagt man, wenn niemand weiß, von wem es ist)

Viele von uns verloren den Spaß an Gedichten, sobald sie in der Schule etwas über *Versfüße* und *Strophenformen* hörten. (Zu dem obigen Gedicht hätte früher ein Deutsch-Lehrer wohl gesagt: Es handelt sich um eine *Volksliedstrophe* mit *vierhebigen Jamben* und dem *Reimschema* axxa.) Vereinzelt werden hier ebenfalls solche Fachausdrücke genannt; sie sind *kursiv* gesetzt – aber niemand braucht sie, um gute Gedichte zu schreiben.

Lyrik soll Freude machen; Kindern wie Erwachsenen. Und das hat überhaupt nichts mit dem Auswendiglernen von Fachausdrücken zu tun. (Da mir die Namen für die *Versfüße* nicht so wichtig erscheinen, gehe ich nur noch im Anhang darauf ein.)

Marc Mandel: Limerick

Ein Müllspediteur aus Wixhausen:
In Kranichstein wollte er pausen.
Doch dann fiel er um.
Jetzt riecht er nach Dung.
Der bleibt dann in Zukunft halt draußen

MARC MANDEL 2018

Wir unterscheiden *Form* und *Inhalt* (früher hieß das manchmal *Gestalt* und *Gehalt*).

Zur *Form* des *Limericks*: Ein *Limerick* ist als lustiger *Fünfzeiler* mit dem *Reimschema* aabba definiert. Metrisch sind Limericks meistens folgendermaßen strukturiert:

.-..-..-.(.)	a
.-..-..-.(.)	a
.-..-	b
.-..-	b
.-..-..-.(.)	a

(Über diese einfache Möglichkeit der *Notation* sprechen wir noch: Die Striche stellen die *betonten Silben* dar, die Punkte die *unbetonten*; was in Klammern steht, ist möglich, aber nicht nötig.)

Für den *Rhythmus* ist es also am wichtigsten, zu wissen, welche Silben betont werden.

Schauen wir auf den *Inhalt*.

Die folgende *Struktur* ist zu erkennen:

> Im ersten und zweiten Vers wird die *Thematik* vorgestellt (*Anfang*: *Wer* tut *Was*?). In der zweiten und dritten Zeile liegt der *Erzählkern* (*Erstaunen: Ereignis*). In der letzten Zeile folgt eine *überraschende Wende* (*Schluss: Pointe*).

In den Fachbibliotheken stapeln sich Bücher, die genau erklären, wie in der Schule oder der Universität Gedichte *analysiert* werden können. Auf geeignete Werke beeilt sich das Literaturverzeichnis am Ende hinzuweisen. Um hingegen Gedichte für das Dritte Jahrtausend zu *schreiben*, ist es (für die Form) wichtiger, ein ***Gefühl*** für *Rhythmus, Klang* und *Melodie* zu entwickeln.

(Für GOETHE war das *Gedicht* (neben dem *Theaterstück* und der *Erzählung*) eine der drei Gattungen, die er unter dem Oberbegriff *Poesie* zusammenfasste.)[1]

---

1 Johann Wolfgang von Goethe: Es giebt nur drey ächte Naturformen der Poesie: die klar erzählende, die enthusiastisch aufgeregte und die persönlich handelnde: Epos, Lyrik und Drama. Zitiert nach: West-östlicher Divan. Stuttgart: Cotta 1819, S. 381 Naturformen der Dichtung)

Marc Mandel: Frauke

frauke schlägt die kesselpauke
hinten in der grabengaupe
in der vase ihres pultes
blüht die kreuzig blütge rauke
der trompeter
neben Frauke
lehnt strikt ab
die knoblauch-rauke
lässt sich nicht den glauben rauben
knoblauch lässt das ohr ertauben

geiger lothar sitzt weit draußen
hat sie länger schon im auge
liebt die laute kesselpauke
kann sich sacht nach hinten schrauben
schenkt der frauke an der pauke
eine schale frischer trauben
so kann frauke jetzt beim pauken
üppig an den früchten saugen

im gefecht wie im verlangen
kein gebot gilt
keine ampel
energien aus rebenranken
fördern sinnliche gedanken

wären das doch lothars lippen
fraukes wünsche sprengen schranken
lutscht mit inbrunst
most aus beeren
will der zungenspitze danken

der trompeter einsam strandet
stumm den graben er umrandet
während der applaus versandet
lothars mund auf fraukes landet

Aus: Mädchenlieder – MARC MANDEL 2015

Inhaltlich kann man *Erzählgedichte, Ausdrucksgedichte, Reihengedichte* sowie reine *Kling-Klang-Gedichte* unterscheiden. Darüber müssen wir uns noch etwas ausführlicher unterhalten.

Zunächst einmal: Jedes poetische Werk hat drei Teile:

Anfang – Erstaunen – Ende

Das gilt auch für Gedichte. Am Anfang erfahren wir meist, wovon die Rede ist. Das Staunen in der Mitte hat seine Ursache in einer überraschenden Folge von Ereignissen, Hindernissen, Problemen oder einem Streit. Das Ende bringt eine Wende (Pointe) und ermöglicht uns, das Werk individuell zu interpretieren.

Die Fremdwörter für diese drei Teile lauten übrigens:

Exposition – Komplikation – Solution

Immer wieder werde ich gefragt: Was ist eigentlich ein **Lyrisches Ich**?

> Das *Lyrische Ich* ist nichts anderes, als die *Stimme*, die aus dem Gedicht zu uns spricht – ganz gleich, wer es vorträgt und wer es geschrieben hat. Darüber wird noch ausführlicher zu reden sein. Auch in Erzählgedichten (von denen im folgenden Abschnitt die Rede ist) kann ein *Lyrisches Ich* aufblitzen.

Das waren schon eine ganze Menge theoretischer Brocken – es wird Zeit, dass wir zur Praxis kommen.

Wilhelm Busch: Max und Moritz

Ach, was muss man oft von bösen
Kindern hören oder lesen!
Wie zum Beispiel hier von diesen,
welche Max und Moritz hießen.

WILHELM BUSCH 1865

Den Klang der Verse erfassen wir mühelos. Ebenso in unserem nächsten Beispiel.

Marc Mandel: Cora

axel sander liebt expander
mag den feuersalamander
isst nur brot mit koriander
auf dem brett aus palisander
dazu stets mäander-zander
auf dem blatt von oleander

denn die fauna wie die flora
schätzet äußerst
axel sander

cora liebt mäander-zander
auf dem brett aus palisander
doch das brot mit koriander
auf dem blatt von oleander
cora lutscht mit lust das franke
frische fischfleisch
das entflammte
axel wünscht: in coras träumen
lodern zärtliche gedanken

es strebt fauna mit der flora
stets für cora zueinander
sucht mit axel salamander
in den dünen hinter flandern
schmaust genüsslich nach dem wandern
kraftvoll glucksend frischen zander

cora wacker
ackernd gackert
zwackt den zander bis er flackert
axels dritte zähne schlackern
silberklammern
krachen klackernd
bis sie schrill
den zander packend
ihn im schlund versacken
knackend

Aus: Mädchenlieder – MARC MANDEL 2015

Dass ein poetisches Werk drei Teile hat, gilt für alle *fiktionalen Texte*, gleichgültig ob sie als *Rap*, als *Poetry-Slam-Vortrag*, als *Filmdialog*, als *Liebeslyrik*, als *Schlager*, als *Theaterstück*, als *Roman* oder was auch immer daherkommen.

1.1 Das Erzählgedicht

Wenn uns jemand etwas erzählt, lassen wir uns entführen. Die Klassiker nannten das *Erzählgedicht* übrigens *Ballade*. Das Gedicht führt uns an einen anderen Ort, irgendwohin, zum Beispiel zu einem Mordfall, einem Blind-Date oder einem lyrischen Picknick.

Versuchen wir, einen lyrischen Ausflug zu beschreiben:

- Wo gehe ich los? Wo will ich hin?
- Bin ich allein oder ist jemand dabei?
Gibt es Pausen?
- Was passiert kurz nach dem Start?
Wie reagiere ich?
- Was ist zu sehen, hören, riechen? Bin ich
in der Stadt oder laufe ich durch den Wald?
- Treffe ich andere Wanderer? Streite ich
mich mit ihnen?
- Was habe ich in der Tasche oder im Rucksack?
- Gibt es Misverständnisse? Erlebe ich etwas
völlig Unerwartetes?

Wenn es schon kein Ausflug ist, fragen wir uns anfangs immer, was das eigentliche *Thema* unseres Werkes ist.

Ein *Erzählgedicht* kann man sich wie ein kurzes *Theaterstück* vorstellen. Deshalb erfährt der Leser gleich zu Beginn etwas über den Schauplatz und die Hauptfigur.

Was tut die Hauptfigur? Eventuell erfahren wir auch, **wo** und **wann**, vielleicht sogar **wie** sie agiert. Wenn wir dann noch die **Gründe** erfahren, warum eine Figur so und nicht anders handelt, haben wir schon eine Ahnung, wie es auf der Bühne zugeht. In unserem Kopf entsteht ein Film.

Der Dichter weiß natürlich ungefähr, wo er hin will. Aber wie im Beispiel mit dem Ausflug muss ja zwischendurch ebenfalls einiges passieren. Er stößt auf Probleme, Hindernisse, plötzlich auftauchende Fremde.

Wer beim Schreiben eines Erzählgedichtes nicht weiter kommt, fragt sich stets: **Was wäre jetzt das Schlimmste, das passieren könnte?** Und das passiert dann auch.

Marc Mandel: Frieda

lacht der lenz so schütteln wieder
freche spatzen ihr gefieder
frieda trinkt im garten cider
legt sich nieder
sonnt die glieder
öffnet freizügig das mieder
singt gesalbt mit öl liquida
opernlieder
mit fluida
abgeschirmt von weißem flieder

ein versicherungsvertreter
minimiert
den tachometer
durch die gase
unterm glase
in emphase
drückt die blase

parkt den opel an der rampe
mittelbar am straßenrande
löst den gürtel zieht den zipper
wie es üblich hierzulande

ahnt nichts von dem sonnenbade
hinter büschen
fliederhecken
frieda sieht erst nur das bächlein
dann die musterhaften flecken
schließlich den entblößten knaben
der will sie bestimmt nicht necken

„ist der niedlich"
wispert frieda
lächelt friedlich und verträglich
bebend wechselt er die farbe
findet frieda unerträglich
stolpert schließlich richtung straße
kopf voraus zu boden
kläglich

Aus: Mädchenlieder – MARC MANDEL 2015

Am Anfang klären wir, wie bereits erwähnt, **wer was** und **wie** tut, eventuell auch **wann**, **wo** und **warum**?

- Sobald im Frühling die Sonne etwas wärmer scheint, nimmt Frieda (unsere Hauptfigur) in einem von Fliederbüschen abgeschirmten Garten ein Sonnenbad.

Dann folgt ein **Ereignis**, das uns **staunen** lässt, also ein *nicht alltägliches Geschehen nach dem Start*. Das kann das *Auftauchen eines Gegenspielers* sein oder eines *Gegenstandes*, der dort nicht hingehört (Theoretiker sprechen manchmal vom *Ding* oder vom *Ding-Symbol* – Literaturwissenschaftler nennen das Ding auch ‚den Falken'.)

• In unserem Fall ist in der Nähe ein Versicherungsvertreter mit dem Auto unterwegs. Er weiß natürlich nichts von Frieda. Als ihn nun die Blase drückt, steigt er einfach aus und entblößt sich, um sich zu erleichtern.

Eine **Komplikation** ergibt sich. (Vielleicht auch mehrere hintereinander, die sich dann natürlich *steigern* – und zwar *umso energischer man sie zu lösen versucht.*)

• Unsere Hauptfigur Frieda ist nicht entsetzt, aber erstaunt. Sie reagiert also *anders als erwartet.* Erst da bemerkt er sie und flüchtet.

Wie bei einem guten Witz geschieht am **Ende** nie, was der Leser erwartet – das Überraschende ist die **Pointe**.

Mit ähnlichen Überraschungen ist auch im nächsten Gedicht zu rechnen.

Marc Mandel: Biggi

boggo baggert mit dem bagger
an der spitze der kolonne
das gebagger und geklacker
ist für ihn eine chaconne[2]
kiesel spritzen
männer schwitzen
späne blitzen in der sonne
ketten rasseln
steinchen prasseln

---

2 Eine Chaconne ist ein fröhlicher Tanz im Dreivierteltakt, der vor zweihundert Jahren ziemlich populär war.

bis sie voll die megatonne
von den kränen regnen späne
er muss gähnen bis halb viere
durstig denkt er an die hähne
rotschopf biggi zapft die biere
boggo kippt sie wie ein däne
ohne rücksicht auf die niere
manche runde edler brände
biggi froh gelaunt servieret

boggo streichelt biggis mähne
er bestellt für alle branntwein
boggo baggert bei der biggi
dabei hat er keinen fahrschein

boggos baggerschaufeln sieht sie
in den fingern blitzt ein geldschein
und auch biggis augen blitzen
boggo fühlt sich schon wie einstein

bis er hört sie ist vergeben
an den fritz
den body-builder
boggo lässt die hand von biggi
gibt ihm schnaps aus wie ein wilder

Aus: Mädchenlieder – MARC MANDEL 2015

Erzählgedichte sind auf **Spannung** (*suspense)* angewiesen. *Spannung* ist die schwierige Balance zwischen den drei Positionspaaren:

a) **Verheimlichen** *versus* **Offenbaren**
Dem Leser stellen sich zahlreiche *Fragen*,
die aber erst nach und nach gelöst werden.

b) **Denken** *versus* **Handeln**
Was *passiert,* wird immer durch kurze *Gedanken* unterbrochen.

c) **Ruhe** *versus* **Kampf**
Ein *Hindernis* steht ihm Weg. Es kann nur mit *Energie* überwunden werden. Den Weg zum (nächsten und diesmal größeren) *Konflikt* bildet eine *ruhige* Phase. Die Gratwanderung zwischen **Ruhe** und **Kampf** (wenn es sie gibt) macht den **Kernkonflikt** aus. Die *Hauptfigur* hat es mit mindestes einem von drei *Gegnern* zu tun:

- dem **Gegenspieler**
- den **Umständen** (einer **Institution**)
- sich **selbst** (*innerer Konflikt* – die Hauptfigur muss sich **entscheiden**)

Kompliziert? Sieht nur so aus. Für den Anfang können wir uns ruhig mit **einem einzigen** *Spannungsbogen* zufriedengeben.

Aber wenigstens einer dieser *Spannungsbogen* muss gleich am *Anfang* gezündet werden – idealerweise zwei, drei oder sogar alle gleichzeitig. (Ob ein *Spannungsbogen* gezündet wurde, oder auch *welcher,* erkennen wir an *Fragen,* die sich der Leser stellt.) Sehen wir uns einen Klassiker an:

Friedrich Schiller: Die Bürgschaft

Zu Dionys, dem Tyrannen, schlich
Damon, den Dolch im Gewande:
Ihn schlugen die Häscher in Bande,
»Was wolltest Du mit dem Dolche? sprich!«
Entgegnet ihm finster der Wüterich.
»Die Stadt vom Tyrannen befreien!«

»Das sollst Du am Kreuze bereuen.«
»Ich bin«, spricht jener, »zu sterben bereit
Und bitte nicht um mein Leben:
Doch willst Du Gnade mir geben,
Ich flehe dich um drei Tage Zeit,
Bis ich die Schwester dem Gatten gefreit;
Ich lasse den Freund Dir als Bürgen,
Ihn magst Du, entrinn' ich, erwürgen.«

Da lächelt der König mit arger List
Und spricht nach kurzem Bedenken:
»Drei Tage will ich Dir schenken;
Doch wisse, wenn sie verstrichen, die Frist,
Eh' Du zurück mir gegeben bist,
So muss er statt deiner erblassen,
Doch Dir ist die Strafe erlassen.«

Und er kommt zum Freunde: »Der König gebeut,
Dass ich am Kreuz mit dem Leben
Bezahle das frevelnde Streben.
Doch will er mir gönnen drei Tage Zeit,
Bis ich die Schwester dem Gatten gefreit;
So bleib du dem König zum Pfande,
Bis ich komme zu lösen die Bande.«

Und schweigend umarmt ihn der treue Freund
Und liefert sich aus dem Tyrannen;
Der andere ziehet von dannen.
Und ehe das dritte Morgenrot scheint,
Hat er schnell mit dem Gatten die Schwester vereint,
Eilt heim mit sorgender Seele,
Damit er die Frist nicht verfehle.

Da gießt unendlicher Regen herab,
Von den Bergen stürzen die Quellen,
Und die Bäche, die Ströme schwellen.
Und er kommt ans Ufer mit wanderndem Stab,
Da reißet die Brücke der Strudel herab,
Und donnernd sprengen die Wogen
Dem Gewölbes krachenden Bogen.

Und trostlos irrt er an Ufers Rand:
Wie weit er auch spähet und blicket
Und die Stimme, die rufende, schicket.
Da stößet kein Nachen vom sichern Strand,
Der ihn setze an das gewünschte Land,
Kein Schiffer lenket die Fähre,
Und der wilde Strom wird zum Meere.

Da sinkt er ans Ufer und weint und fleht,
Die Hände zum Zeus erhoben:
»O hemme des Stromes Toben!
Es eilen die Stunden, im Mittag steht
Die Sonne, und wenn sie niedergeht
Und ich kann die Stadt nicht erreichen,
So muss der Freund mir erbleichen.«

Doch wachsend erneut sich des Stromes Wut,
Und Welle auf Welle zerrinnet,
Und Stunde an Stunde ertrinnet.
Da treibt ihn die Angst, da fasst er sich Mut
Und wirft sich hinein in die brausende Flut
Und teilt mit gewaltigen Armen
Den Strom, und ein Gott hat Erbarmen.

Und gewinnt das Ufer und eilet fort
Und danket dem rettenden Gotte;
Da stürzet die raubende Rotte
Hervor aus des Waldes nächtlichem Ort,
Den Pfad ihm sperrend, und schnaubert Mord
Und hemmet des Wanderers Eile
Mit drohend geschwungener Keule.

»Was wollt Ihr?« ruft er vor Schrecken bleich,
»Ich habe nichts als mein Leben,
Das muss ich dem Könige geben!«
Und entreißt die Keule dem nächsten gleich:
»Um des Freundes willen erbarmet Euch!«
Und drei mit gewaltigen Streichen
Erlegt er, die andern entweichen.

Und die Sonne versendet glühenden Brand,
Und von der unendlichen Mühe
Ermattet sinken die Kniee.
»O hast Du mich gnädig aus Räubershand,
Aus dem Strom mich gerettet ans heilige Land,
Und soll hier verschmachtend verderben,
Und der Freund mir, der liebende, sterben!«

Und horch! da sprudelt es silberhell,
Ganz nahe, wie rieselndes Rauschen,
Und stille hält er, zu lauschen;
Und sieh, aus dem Felsen, geschwätzig, schnell,
Springt murmelnd hervor ein lebendiger Quell,
Und freudig bückt er sich nieder
Und erfrischet die brennenden Glieder.

Und die Sonne blickt durch der Zweige Grün
Und malt auf den glänzenden Matten
Der Bäume gigantische Schatten;
Und zwei Wanderer sieht er die Straße ziehn,
Will eilenden Laufes vorüber fliehn,
Da hört er die Worte sie sagen:
»Jetzt wird er ans Kreuz geschlagen.«

Und die Angst beflügelt den eilenden Fuß;
Ihn jagen der Sorge Qualen;
Da schimmern in Abendrots Strahlen
Von ferne die Zinnen von Syrakus,
Und entgegen kommt ihm Philostratus,
Des Hauses redlicher Hüter,
Der erkennet entsetzt den Gebieter:

»Zurück! Du rettest den Freund nicht mehr,
So rette das eigene Leben!
Den Tod erleidet er eben.
Von Stunde zu Stunde gewartet' er
Mit hoffender Seele der Wiederkehr,
Ihm konnte den mutigen Glauben
Der Hohn des Tyrannen nicht rauben.«

»Und ist es zu spät, und kann ich ihm nicht,
Ein Retter, willkommen erscheinen,
So soll mich der Tod ihm vereinen.
Des rühme der blut'ge Tyrann sich nicht,
Dass der Freund dem Freunde gebrochen die Pflicht,
Er schlachte der Opfer zweie
Und glaube an Liebe und Treue!«

Und die Sonne geht unter, da steht er am Tor,
Und sieht das Kreuz schon erhöhet,
Das die Menge gaffend umstehet;
An dem Seile schon zieht man den Freund empor,
Da zertrennt er gewaltig den dichter Chor:
»Mich, Henker«, ruft er, »erwürget!
Da bin ich, für den er gebürget!«

Und Erstaunen ergreifet das Volk umher,
In den Armen liegen sich beide
Und weinen vor Schmerzen und Freude.
Da sieht man kein Augen tränenleer,
Und zum Könige bringt man die Wundermär';
Der fühlt ein menschliches Rühren,
Lässt schnell vor den Thron sie führen,

Und blicket sie lange verwundert an.
Drauf spricht er: »Es ist Euch gelungen,
Ihr habt das Herz mir bezwungen;
Und die Treue, sie ist doch kein leerer Wahn –
So nehmet auch mich zum Genossen an:
Ich sei, gewährt mir die Bitte,
In Eurem Bunde der Dritte!«

FRIEDRICH SCHILLER 1796

• Gleich in der ersten *Strophe* stellen sich Fragen: Wer ist Dionys? Wer ist Damon? Sind die Häscher (der Institution) in der Übermacht? Kann Damon sein Ziel erreichen? Wird Dionys ihn wirklich kreuzigen lassen? Weitere Fragen (in den folgenden Strophen) erläutere ich hier nicht – sie stellen sich ganz von selbst.

Exkurs: Der Plot

Der *Plot* ist das, was *passiert*. In der Literatur der letzten dreitausend Jahre finden sich immer wieder einige **Grundmuster** – egal ob es sich um *Geschichten, Gedichte* oder *Theaterstücke* handelt. Manche Autoren nennen diese Grundmuster *Masterplots*.
RONALD B. TOBIAS hat ein ganzes Buch darüber veröffentlicht, dessen bibliographische Angaben im Anhang zu finden sind. Für unsere Gedichte sind einige Themenvorschläge vielleicht hilfreich.

- Die **Suche**
  Ein Ort, ein Geheimnis, eine Person,
  etwas Kostbares wird gesucht. Die Suche
  verändert den Sucher.
- Das **Abenteuer**
  Ortswechsel folgt auf Ortswechsel.
  Ständig passiert etwas Neues.
- Die **Verfolgungsjagd**
  Gleich am Anfang erfährt der Leser, wer
  hinter wem her ist. Im Mittelpunkt steht
  die Jagd.
- Der **reitende Bote**
  Der Gegenspieler hindert die Hauptfigur,
  jemanden oder etwas aus großer Gefahr
  zu retten.
- Die **Flucht**
  Die Hauptfigur ist unfrei – in einem echten
  Gefängnis oder in einer Psycho-Falle. Erst
  wenn der Leidensdruck zu stark wird, bricht
  sie aus.
- Die **Rache**
  Das Rachegebot ist eine der Säulen des
  Patriarchats; das Gerechtigkeitsempfinden
  des Akteurs ist davon geprägt; es steht

jedoch im Widerspruch zur geltenden Rechtsordnung. Die Hauptfigur kann Opfer oder Täter sein.

- Das **Rätsel**
Das ist der klassische Krimi-Plot: Die Tat geschieht, jemand ermittelt, es gibt falsche Fährten, am Ende war alles ganz anders, als es schien.
- Die **Dreiecksgeschichte**
Zwei bilden ein Paar, ein Dritter kommt hinzu, die Paarbeziehung wird brüchig – weil jemand sich zu dem Dritten hingezogen fühlt.
- **David und Goliath**
Es geht um einen Kampf, in dem die Hauptfigur benachteiligt ist. Das kann sie durch Gefühle und Intelligenz ausgleichen.
- Die **Verlockung**
Etwas Verführerisches lockt die Hauptfigur an – doch dafür ist ein hoher Preis zu zahlen.
- Die **Metamorphose**
Damit ein bestimmter Wunsch erfüllt wird, muss sich die Hauptfigur verändern.
- Die **Liebe**
Boy meets girl – will er? soll er? kann er? darf er? muss er? mag er? Gibt es Rivalen?
- **Verbotene Liebe**
Es gibt eine gesellschaftliche Konvention, die diese Liebe auf keinen Fall duldet.

Auch ein erfahrener Schreiber von *Erzählgedichten* kann hier immer wieder nachsehen, wenn ihm einmal überhaupt kein Thema für ein neues *Erzählgedicht* einfällt.

Das kann natürlich auch ein Rap sein, ein Schlagertext, ein Gedicht für den Poetry Slam oder ein Lied für das Singer-Songwriter-Festival.

Marc Mandel: Treue

erst augenblicke ist es her
da hat sie einen korb bekommen
sie freut sich
denn er ist nicht leer
der mittag scheint ihr wohl geronnen
der korb ist voll mit äpfeln rot
sie bringt ihn rasch zu ihrer bleibe
luises laune ist im lot
ganz leise äugt sie durch die scheibe

denn hier sitzt froh der zimmermann
die uhr schlägt zwei
luise reckt sich
sofort setzt sie den kaffee auf
sie weiß, er liebt ihn schwarz und kräftig
danach baut er ihr einen schrank
für ihre puppen und die kissen
was sonst in ihrem kopf vorgeht
das könnte nur luise wissen

drei stunden später ist er fort
doch summt luise unterdessen
die lippen rot
das herz hüpft laut
wie will man glücksgefühle messen?
geduscht steht sie entzückt am herd
und kocht vergnügt das abendessen

das auge strahlt
das haar noch kraus
das bad geputzt
der flur gewachst
denn jetzt erscheint ihr hans im haus
das hat er ihr um vier gefaxt

der lüfter bläst den dunst hinaus
am abend ist ihr hans die axt

MARC MANDEL 2016

• (Auch in diesem zeitgenössischen Werk stellen sich schon in der ersten *Strophe* folgende Fragen: Sie hat einen Korb bekommen? Und freut sich auch noch? Ist das vielleicht gar nicht *metaphorisch* gemeint, sondern *wörtlich*? Warum äugt sie durch die Scheibe? Die Antworten auf unsere Fragen erhalten wir wie immer in den folgenden Strophen.)

1.2 Das Ausdrucksgedicht

Das Thema ist hier kein *Ereignis*, sondern ein **Zustand.** Einer momentanen **Stimmung** folgt immer ein **Wendepunkt** (*Umschlag des Glücks* – der gute alte ARISTOTELES nannte das *Peripetie*). Wichtig ist, dass stets nur ***ein einziges*** *Gefühl* beschrieben wird.

Trotzdem sollten *Spannungsbogen* (wie ich sie im Abschnitt über *Erzählgedichte* beschrieben habe) erkennbar sein.

August von Platen:
Der Strom, der neben mir verrauschte

Der Strom, der neben mir verrauschte, wo ist er nun?
Der Vogel, dessen Lied ich lauschte, wo ist er nun?
Wo ist die Rose, die die Freundin am Herzen trug?
Und jener Kuss, der mich berauschte, wo ist er nun?
Und jener Mensch, der ich gewesen,
und den ich längst
Mit einem andern ich vertauschte, wo ist er nun?

AUGUST VON PLATEN 1821

• (Das *lyrische Ich* scheint aus einem Traum zu erwachen. Die *Wende* folgt in der fünften Zeile, wo klar wird, dass es sich nicht um einen Traum handelt.)

Eine ähnliche Wende findet sich in dem folgenden Werk.

Ludwig Uhland: Das Schloss am Meere

Hast Du das Schloss gesehen,
Das hohe Schloss am Meer?
Golden und rosig wehen
Die Wolken drüber her.

Es möchte sich niederneigen
In die spiegelklare Flut;
Es möchte streben und steigen
In der Abendwolken Glut.

„Wohl hab ich es gesehen,
Das hohe Schloss am Meer,
Und den Mond darüber stehen,
Und Nebel weit umher."

Der Wind und des Meeres Wallen,
Gaben sie frischen Klang?
Vernahmst Du aus hohen Hallen
Saiten und Festgesang?

„Die Winde, die Wogen alle
Lagen in tiefer Ruh',
Einem Klagelied aus der Halle
Hört' ich mit Tränen zu."

Sahest Du oben gehen
Den König und sein Gemahl?
Der roten Mäntel Wehen,
Der goldnen Kronen Strahl?

Führten sie nicht mit Wonne
Eine schöne Jungfrau dar,
Herrlich wie eine Sonne,
Strahlend im goldnen Haar?

„Wohl sah ich die Eltern beide,
Ohne der Kronen Licht,
Im schwarzen Trauerkleide;
Die Jungfrau sah ich nicht."

Ludwig Uhland 1805

Marc Mandel: für den baumarkt

paradies für kurzschlusskäufer
rollkunstläufer
wiedertäufer
rotweinsäufer
amokläufer
schnäppchenjäger
prämienhäufer

kettenraupen abzustauben
notentrauben durchzupauken
bucklig krauchen ohne fauchen
streichen ohne anzuhauchen

gauben auf- und zuzuschrauben
lauben baun für turteltauben
braune laugen die nicht stauben
jauche
blau wie kinderaugen

schnaubend dauben grau zu stauchen
staub aus seifenlaugen saugen
da hilft nicht
sich mit den augen
festzusaugen
an den schrauben

traubenhafte augenlauben
angestaubte pickelhauben
jaulend blaue wintertrauben
faulend graue taubenaugen
festsitzende senkkopfschrauben
ohne haube aufzuklauben

karo rauchend
staub zu saugen
saugend
brausen abzulaugen
fauchend
hauchend
einzutauchen
automaten auszurauben
fordert nicht nur festen glauben
sondern werkzeuge
die taugen

MARC MANDEL 2018

Natürlich lässt sich die Form nicht immer so klar abgrenzen: Wie wir in dem obigen Gedicht sehen, könnte manches *Kling-Klang-Gedicht* (ein Gedicht, das außer dem Klang kaum einen Inhalt hat – darüber sprechen wir noch) auch als *Ausdrucksgedicht* gedeutet werden. Die Schubladen für Gedichte sind aber vor allem für Einsteiger praktisch, damit sie sich bei den vielen Optionen besser zurechtfinden.

Später werden wir sehen, dass ein *Du* ohne ein *lyrisches Ich* nicht möglich ist.

Das bekannteste *Ausdrucksgedicht* kommt übrigens von unserem Altmeister Goethe:

Johann Wolfgang von Goethe: Wanderers Nachtlied

Über allen Gipfeln
Ist Ruh',
In allen Wipfeln
Spürest Du
Kaum einen Hauch;
Die Vögelein schweigen im Walde.
Warte nur! Balde
Ruhest Du auch.

JOHANN WOLFGANG VON GOETHE 1780

1.3 Das Reihengedicht

Hierbei handelt es sich um eine Folge von *Miniaturen* (*Strophen*), die sich einem *Oberbegriff* unterordnen.

Einzelne Strophen könnten herausgenommen werden, *ohne dass sich viel am Sinn ändert*. Auch hier sind *Spannungsbogen* erkennbar. In der letzten Strophe finden wir meist eine *Pointe*.

Diese Gedichtform ist ebenfalls steinalt. Die Bänkelsänger, die früher von Ort zu Ort zogen, trugen zwischendurch gern ein lustiges *Reihengedicht* vor, weil die Zuhörer nach einem *Erzählgedicht* eigentlich immer eine kleine Pause brauchen. Deshalb sind die meisten Reihengedichte eher humoristisch angehaucht.

Heinrich Heine: Die Heimkehr

Du hast Diamanten und Perlen,
Hast alles, was Menschenbegehr,
Und hast die schönsten Augen –
Mein Liebchen, was willst Du mehr?

Auf Deine schönen Augen
Hab ich ein ganzes Heer
Von ewigen Liedern gedichtet –
Mein Liebchen, was willst Du mehr?

Mit Deinen schönen Augen
Hast Du mich gequält so sehr,
Und hast mich zu Grunde gerichtet –
Mein Liebchen, was willst Du mehr?

HEINRICH HEINE 1826

• In der ersten Strophe könnte man annehmen, es handelt sich um ein *‚Preisgedicht'*, wie sie vor allem im Barock üblich waren. Gepriesen werden die schönen Augen einer Frau und ihr kostbarer Schmuck. Daran knüpft auch die zweite Strophe an.

• In der letzten Strophe dreht sich der Sinn, wenn das Lyrische Ich feststellt, dass es von diesen schönen Augen gequält wurde und diese *Erzählinstanz* zu Grunde gerichtet hat.

• Hier kann man sehr schön sehen, dass das ‚Du' nur existiert, weil es ein Lyrisches Ich gibt.

• Mit dem Verb *‚gequält'* wird die *Pointe* eingeleitet. *Pointe* bedeutet ganz allgemein,

dass sich der Sinn (meist in der
letzten Strophe) dreht.

Wird die letzte Zeile in allen *Strophen* wiederholt (manchmal leicht verändert), nennen wir sie *Coupletzeile* (hier: *Mein Liebchen, was willst Du mehr?*). Rapper sprechen dann meistens von einer *Hookline*.

Adalbert von Chamisso: Tragische Geschichte

'S war einer, dem's zu Herzen ging,
Dass ihm der Zopf so hinten hing,
Er wollt es anders haben.

So denkt er denn: wie fang ich's an?
Ich dreh mich um, so ist's getan –
Der Zopf, der hängt ihm hinten.

Da hat er flink sich umgedreht,
Und wie es stund, es annoch steht –
Der Zopf, der hängt ihm hinten.

Da dreht er schnell sich anders ‚rum,
'S wird aber noch nicht besser drum –
Der Zopf, der hängt ihm hinten.

Er dreht sich links, er dreht sich rechts,
Es tut nichts Guts, es tut nichts Schlechts –
Der Zopf, der hängt ihm hinten.

Er dreht sich wie ein Kreisel fort,
Es hilft zu nichts, in einem Wort –
Der Zopf, der hängt ihm hinten.

Und seht, er dreht sich immer noch,
Und denkt: es hilft am Ende doch –
Der Zopf, der hängt ihm hinten.

ADALBERT VON CHAMISSO 1825

Am Ende jeder Strophe eines *Couplets* steht wie bereits angedeutet eine *Zeile* oder *Doppelzeile*, die eine Art Fazit darstellt. Sie übernimmt so etwas wie eine *Refrainfunktion* (in Liedern). Diese *Couplet-Zeile* enthält die Kernaussage. Sie kann in jeder Strophe abgewandelt werden und heißt wie erwähnt im *Hip Hop* manchmal *Hookline*.

Marc Mandel: Tagesschau

sehe ich abends die tagesschau
denk ich voll freude zurück an den stau
fernsehbilder mit autobahnen
wo die transporter sich fröhlich verzahnen
die überholspur voll blech und radau
zeigt mir genussvoll die tagesschau

bilder vom wintermarkt vor dem advent
glühwein zur bratwurst mit kerzen im trend
tannenbaumschmuck aus den buden und kisten
locken die christen – und auch terroristen
attentatsselbstmorde wuchtig und rau
zeigt uns ausführlich die tagesschau

innenminister vor flackernden lichtern
echt harte hunde mit langen gesichtern
äußern gelassen: vielleicht asylanten
oder die brüder die onkel die tanten
ihre gesichter erkennt man genau
farbig und bunt in der tagesschau

auf meinem schaukelstuhl – friedlich und schlau
sitze ich biertrinkend neben der frau
hunger in afrika – bomben im jemen
die Israelis mit ihren problemen
während ich lustvoll die fleischwurst zerkau
mundet mir köstlich die tagesschau

MARC MANDEL 2018

1.4 Kling-Klang-Gedichte

Hier kommt es weniger (oder gar nicht) auf die *Aussage* an, sondern vor allem auf **Klang** und **Form**. Ihre größte Popularität hatten solche Werke unter dem Decknamen ‚Dada' vor etwa hundert Jahren. Die bekanntesten Protagonisten des Dadaismus hießen HUGO BALL, EMMY HENNINGS, RICHARD HÜLSENBECK oder HANS ARP. Spätere Dichter wie CHRISTIAN MORGENSTERN, KURT SCHWITTERS, ERNST JANDL oder EUGEN GOMRINGER fanden aber ebenfalls immer wieder Liebhaber für diese Art von Lyrik.

Marc Mandel: Staunende Philosophen

außerhalb von rautenbauten
rau gestauchten kirchhofmauern
unerlaubt erbauten stauden
saugten kauend staub
drei bauern

schnaubten laut von taubentalern
aufgeklaubten brauerhauern
haubengrauen raupenstrahlern
schaut der bauer traurig schlauer?

schaurig braun zwei ausgelaugte
umgebaute langhalslauten
ob ihr sound für tauben taugte?

hegel fichte schelling maulten
schopenhauers derbheit fauchte
nietzsche staunte wie sie jaulten

MARC MANDEL 2018

• Wenn wir beim Lesen eines Gedichtes merken, dass es vor allem um den *Klang* geht, schauen wir genauer hin: Die Weisheits-Körnchen sind hier nämlich besonders gut versteckt; sie sind bei ordentlichen Gedichten aber immer vorhanden. Dass dies auf unsere eigenen Gedichte zutreffen sollte, brauche ich eigentlich nicht zu erwähnen.
• Finden wir also ein Körnchen Weisheit in einem solchen Werk – umso besser.

Marc Mandel: Sonett

kokette motetten-paletten
quartette in blauviolett
verketten vokaloktett-kletten
lafetten-duett mit florett

kaskaden-sonette für städte
skelette im kunstkabinett
pipetten-vignetten-bankette
quintetten-manschetten-stilett

klangschalen-echo-soubretten
kultstätten-oberton-bett
fette terzetten-dubletten

festbankett-streicher-oktett
hackbrett-staffetten-rosetten
klettwetten-ketten-ballett

MARC MANDEL 2018

2. Ratio, Emotio oder Kino im Kopf

2.1 Das Lyrische Ich
– zwischen Gefühl und Verstand

Wie bereits erwähnt, verstehen wir unter dem **Lyrischen Ich** die **innere Stimme**, die aus dem Gedicht spricht. Diese *Stimme* ist so etwas wie die *Erzählinstanz* bei *Geschichten*. Sie darf keinesfalls mit dem *realen Autor* verwechselt werden. Wenn das *Lyrische Ich* auftaucht, haben wir es hier in der *Lyrik* oft mit *Ausdrucksgedichten* zu tun.

Marc Mandel: Haiku

du könntest niemals
dem leben davon laufen
dem tod erst recht nicht

MARC MANDEL 2018

Oder so:

Marc Mandel: Haiku 2

kräftige männer
fordern lauthals „ausziehn"
der tisch ist zu kurz

MARC MANDEL 2018

Wir stellen die folgenden Fragen:

- Wer erzählt?

Die *Erzähl-Instanz* darf. wie erwähnt, auf keinen Fall mit dem realen Dichter verwechselt werden.

• Überwiegt die *erste*, die *zweite* oder die *dritte* *Person* (*ich, Du, er/sie/es, wir, Ihr, sie*)?
(Ein *Du* ist ohne ein *Ich* nicht möglich.)

Exkurs: Haiku

Ein *Haiku* ist eine japanische Gedicht-
form, über die ebenfalls schon dicke
Bücher geschrieben wurden.

Da in der japanischen Sprache eine *Silbe* nicht identisch mit dem ist, was wir unter *Silbe* verstehen, ist die Übertragung von *Haiku*-Regeln auf eine andere Sprache (zum Beispiel das Deutsche) sicher problematisch. Dazu kommt, dass es in anderen Sprachen manchmal um die *Tonhöhe* geht, wenn wir von *Betonung* sprechen.

Einig sind sich aber die meisten Haiku-Liebhaber, dass ein solches Gedicht siebzehn Silben hat; fünf in der ersten, sieben in der zweiten und fünf in der dritten Zeile. Idealerweise enthält der letzte Vers so etwas wie eine *Pointe*.

Joseph Freiherr von Eichendorff: O Täler weit

O Täler weit, o Höhen,
O schöner, grüner Wald,
Du meiner Lust und Wehen
Andächtger Aufenthalt!
Da draußen, stets betrogen,
Saust die geschäftge Welt,
Schlag noch einmal die Bogen
Um mich, du grünes Zelt!

Wenn es beginnt zu tagen,
Die Erde dampft und blinkt,
Die Vögel lustig schlagen,
Dass dir dein Herz erklingt:
Da mag vergehn, verwehen
Das trübe Erdenleid,
Da sollst du auferstehen
In junger Herrlichkeit!

Da steht im Wald geschrieben
Ein stilles, ernstes Wort
Von rechtem Tun und Lieben,
Und was des Menschen Hort.
Ich habe treu gelesen
Die Worte, schlicht und wahr,
Und durch mein ganzes Wesen
Wards unaussprechlich klar.

Bald werd ich dich verlassen,
Fremd in der Fremde gehn,
Auf buntbewegten Gassen
Des Lebens Schauspiel sehn;
Und mitten in dem Leben
Wird deines Ernsts Gewalt
Mich Einsamen erheben,
So wird mein Herz nicht alt.

JOSEPH FREIHERR VON EICHENDORFF 1810

2.2 Erzählgedicht oder Ausdrucksgedicht?

Im Falle des *Erzählgedichtes* ist das *Lyrische Ich* der **Erzähler.** Manche Gedichte sind jedoch verkleidet: Anfangs kommen sie als *Erzählgedichte* daher, um sich später als *Ausdrucksgedichte* zu entpuppen.

Marc Mandel: Weihnachtsmarkt

wer glühwein mit bratwurst im dämmerlicht liebt
begibt sich trotz kälte im pelzrock ins freie
der innenstadtwinter, durch den er sich schiebt
entlockt den besuchern begeisterte schreie

wie lemminge ruft sie der sonnenwendmarkt
mit lichtern und buden und dreh-pyramiden
die innenstadt duldet den menscheninfarkt
denn ständebetreiber frohlocken zufrieden

wer wiegt wohl die würste
vom rind und vom schwein?
die wir dort verzehrten mit uns'ren genossen?
den rotwein und hessischen riesling vom rhein?

bedenken wir: fuder an wein, die geflossen
so tränken wir gern mit dem christkindelein
doch weihnachten ist ja der markt längst geschlossen

MARC MANDEL 2018

2.3 Der Film im Kopf

Wenn der Dichter den Erzähler dazu bringt, den Leser in Gedanken einen Film betrachten zu lassen, entstehen Bilder im Kopf. SCHILLER konnte das, wie wir gesehen haben. Wollen wir dies erreichen, fragen wir uns: Was sieht die Kamera?

Beispielsweise kann die Kamera nicht sehen, dass ein Mensch nervös ist. Sie sieht aber, wenn er sich am Kopf kratzt, eine Zigarette an der anderen anzündet, sein Getränk verschüttet, mit den Fingern auf der Tischplatte trommelt und so weiter.

Später werden wir sehen, wie wir mit sprachlichen Bildern dafür sorgen, dass Bilder im Kopf entstehen. Dazu gehören insbesondere selbst erfundene **kühne Metaphern.** Wie wir so etwas konstruieren, besprechen wir noch.

Wir dürfen auch nicht vergessen, dass Menschen **fünf Sinne** haben. Überlegen wir uns also stets, was die Hauptfigur **auf der Haut spürt**, **mit den Ohren hört**, **mit der Zunge schmeckt**, **mit der Nase riecht**.

Angeregt wird die Fantasie des Lesers ebenfalls durch das, was die Figuren wörtlich sagen. **Monologe** und **Dialoge** bereichern unsere Gedichte darüber hinaus mit **dramatischen Elementen**.

Sehen wir uns noch zwei ganz unterschiedliche Werke an: eines von LUDWIG UHLAND und eines, das zweihundert Jahre später entstand.

Ludwig Uhland: Des Sängers Fluch

Es stand in alten Zeiten ein Schloss, so hoch und hehr,
Weit glänzt es über die Lande bis an das blaue Meer,
Und rings von duft'gen Gärten ein blütenreicher Kranz,
Drin sprangen frische Brunnen in Regenbogenglanz.

Dort saß ein stolzer König, an Land und Siegen reich,
Er saß auf seinem Throne so finster und so bleich;
Denn was er sinnt, ist Schrecken,
und was er blickt, ist Wut,
Und was er spricht, ist Geißel,
Und was er schreibt, ist Blut.

Einst zog nach diesem Schlosse ein edles Sängerpaar,
Der ein' in goldnen Locken, der andre grau von Haar;
Der Alte mit der Harfe, der saß auf schmuckem Ross,
Es schritt ihm frisch zur Seite der blühende Genoss.

Der Alte sprach zum Jungen: „Nun sei bereit, mein Sohn!
Denk unsrer tiefsten Lieder, stimm an den vollsten Ton!
Nimm alle Kraft zusammen,
Die Lust und auch den Schmerz,
Es gilt uns heut, zu rühren des Königs steinern Herz."

Schon stehn die beiden Sänger im hohen Säulensaal,
Und auf dem Throne sitzen der König und sein Gemahl,
Der König furchtbar prächtig wie blut'ger Nordlichtschein,
Die Königin süß und milde, als blickte Vollmond drein.

Da schlug der Greis die Saiten, er schlug sie wundervoll,
Dass reicher, immer reicher der Klang zum Ohre schwoll;
Dann strömte himmlisch helle des Jünglings Stimme vor,
Des Alten Sang dazwischen wie dumpfer Geisterchor.

Sie singen von Lenz und Liebe, von sel'ger goldner Zeit,
Von Freiheit, Männerwürde, von Treu' und Heiligkeit,
Sie singen von allem Süßen,
Was Menschenbrust durchbebt,
Sie singen von allem Hohen, was Menschenherz erhebt.

Die Höflingsschar im Kreise verlernet jeden Spott,
Des Königs trotz'ge Krieger, sie beugen sich vor Gott;
Die Königin, zerflossen in Wehmut und in Lust,
Sie wirft den Sängern nieder die Rose von ihrer Brust.

„Ihr habt mein Volk verführet;
Verlockt Ihr nun mein Weib?"
Der König schreit es wütend, er bebt am ganzen Leib; Er
wirft sein Schwert, das blitzend
Des Jünglings Brust durchdringt.
Draus statt der goldnen Lieder
Ein Blutstrahl hoch aufspringt.

Und wie vom Sturm zerstoben ist all der Hörer Schwarm.
Der Jüngling hat verröchelt in seines Meisters Arm;
Der schlägt um ihn den Mantel und setzt ihn auf das Ross,
Er bind't ihn aufrecht feste, verlässt mit ihm das Schloss.

Doch vor dem hohen Thore, da hält der Sängergreis,
Da fasst er seine Harfe, sie, aller Harfen Preis,
An einer Marmorsäule, da hat er sie zerschellt;
Dann ruft er, dass es schaurig
Durch Schloss und Gärten gellt:

„Weh euch, ihr stolzen Hallen! Nie töne süßer Klang
Durch eure Räume wieder, nie Saite noch Gesang,
Nein, Seufzer nur und Stöhnen
Und scheuer Sklavenschritt,
Bis euch zu Schutt und Moder der Rachegeist zertritt!

Weh euch, ihr duft'gen Gärten im holden Maienlicht!
Euch zeig' ich dieses Toten entstelltes Angesicht,
Dass ihr darob verdorret, dass jeder Quell versiegt,
Dass ihr in künft'gen Tagen versteint, verödet liegt.

Weh Dir, verruchter Mörder! Du Fluch des Sängertums!
Umsonst sei all Dein Ringen
Nach Kränzen blut'gen Ruhms!
Dein Name sei vergessen, in ew'ge Nacht getaucht,
Sei wie ein letztes Röcheln in leere Luft verhaucht!"

Der Alte hat's gerufen, der Himmel hat's gehört,
Die Mauern liegen nieder, die Hallen sind zerstört;
Noch eine hohe Säule zeugt von verschwundner Pracht;
Auch diese, schon geborsten, kann stürzen über Nacht.

Und rings statt duft'ger Gärten ein ödes Heideland,
Kein Baum verstreuet Schatten,
Kein Quell durchdringt den Sand,

Des Königs Namen meldet kein Lied, kein Heldenbuch;
Versunken und vergessen! das ist des Sängers Fluch!

LUDWIG UHLAND 1814

• Tipp: *Des Sängers Fluch* ist eine der bekanntesten (und beliebtesten) deutschen Balladen. Wer Gedichte öffentlich vorträgt, sollte einmal versuchen, ein sehr bekanntes Gedicht (wie das obige) zu *parodieren* – eventuell in seiner Mundart. Wird es mitreißend vorgetragen, kann so etwas sehr erfolgreich sein.

Marc Mandel: Margareta

margareta sucht den vega
an der theke der bodega
spricht mit joshua
der ist eh da
doch der hört nicht gern gezeter
denn der joshua und der vega
sind befreundet sogar mega
vega jobt als sanitäter
deshalb kommt er etwas später

joshua weitet die pupille
schiebt die brille in die hülle
perfekt sexy kommt mit vega
joshuas freundin
die sybille
denn sie trägt heut kurze hosen
und ihr top ist vom bikini
margaretha ist erschüttert
brav dagegen wirkt ihr mini

gestern abend in der disco
war ihr kleid nur aus pailletten
alle jubelten und standen
an der tanzfläche wie kletten
bis sybille kam im strick-look
an den handgelenken ketten

mach dir bloß keine gedanken
denn der neid ist ein erpresser
und du wirst kein bisschen schlanker
wär dein outfit kess und kesser
denn am ende kommt stets eine
die ist noch ein bisschen besser

Aus: Mädchenlieder – MARC MANDEL 2015

Da wir in *Gedichten* auch die Sprache ‚verdichten' – schon weil sich Gedichte meist durch Kürze auszeichnen – muss nicht jedes (abstrakte) Verb durch Tätigkeiten beschrieben werden. So genügt es manchmal (wie oben gezeigt), einfach nur „A sucht B" zu formulieren – vor allem in der ersten Zeile.

Außerdem sehen wir oben, dass ein Gedicht durchaus eine ‚Moral' (also eine Lehre) haben kann.

3. Von der Idee zum Gedicht

Es wird Zeit, dass wir selbst mit dem Schreiben anfangen. Worüber schreiben wir?

Dummerweise kommen Ideen nicht, wenn wir wollen, sondern wenn *sie* wollen.

Wir könnten uns die *Grundmuster* anschauen, die bereits besprochen wurden. Ebenso könnten wir uns von anderen Gedichten in schlauen Büchern inspirieren lassen.

Ideen finden wir auch in Mythologien, zum Beispiel bei den alten Ägyptern, Germanen, Griechen oder Römern. Gleiches gilt für die unverwüstliche Bibel. **Kardinaltugenden** (*Klugheit, Tapferkeit, Mäßigung, Gerechtigkeit*) sowie die **christlichen Tugenden** (*Glaube, Liebe, Hoffnung*) sind ebenso fruchtbar wie die **Todsünden** (*Stolz, Zorn, Neid, Geiz, Gier, Wollust, Trübsal* – gibt es da wirklich nur sieben?). Wer Novellensammlungen liest (die *Geschichten aus tausendundeiner Nacht* oder das *Dekameron*) findet einen ganzen Sack voll Inspirationen.

Es wurden darüberhinaus zahlreiche Techniken entwickelt, neue Ideen zu finden, die in Ideenbüchern beschrieben werden. Davon halte ich nicht so viel; ich kann nur empfehlen, was bei mir funktioniert.

Ganz wichtig ist es mir immer, einen freien Kopf zu bekommen. Wenn ich also schreibe und nicht weiterkomme, wechsele ich die Umgebung. Dann gehe ich in die Innenstadt oder in die Sauna oder in den Wald. Warum nicht auf einen Friedhof? Der Kreativität nutzt alles, was mich auf andere Gedanken bringt.

Worüber schreiben wir also? Vielleicht über das beliebte ‚Fremdgehen'? Versuchen wir es.

Marc Mandel: Inge

inge prüft die messerklinge
siedet frische pfifferlinge
dass das festmahl ihr gelinge
es der toni wohl verschlinge
ihm der eifer nicht entginge
wenn sie artischocken bringe
dass er gar vor freude singe
und im bauch die schmetterlinge

ging da eben nicht die glocke?
sascha mit der schwarzen dogge
inge wechselt in die hocke
bläst nach unsichtbarer flocke
dürften sie noch einmal nippen?
so wie damals auf den schiffen
sehnsüchtig schaut selbst die dogge
doch der hund hat nichts begriffen

inge niemals karten sandte
niemals seinen namen nannte
joggend oft vorüber rannte
weil sie niemals sowas plante
nie vorher die sehnsucht brannte
niemals dieses kribbeln kannte

sie kommt hoch versucht zu stehen
alles scheint sich nun zu drehen
lang hat sie ihn nicht gesehen
beide haben ihre ehen
was geschehn ist ist geschehen
und sie weiß er muss jetzt gehen

Aus: Mädchenlieder – MARC MANDEL 2015

Schwierig? Ich glaube nicht. So etwas sollte jedem gelingen, der die Rezepte in diesem Buch befolgt.

Einige Fragen müssen wir allerdings noch klären.

3.1 Wer ist der Protagonist?

Es geht um ***eine einzige Figur*** – oder eine ***Gruppe***. Alle anderen sind *Nebenfiguren* oder *Gegenspieler*.

Der *Protagonist* kann ein **Mensch** sein, eine **Frau**, ein **Mann**, **jung** oder **alt**, ein **Mädchen**, ein **Junge**, ein **Tier**, eine **Pflanze**, ein **Bauwerk**, ein **Fahrzeug**. Möglich sind aber auch **Naturerscheinungen** (Wolken, Stürme, Vulkane), **Orte**, **Lokale**, **Flüsse**, **Berge** – sogar **Fernseher** oder **Computer**.

• In dem obigen Gedicht geht es um Inge. Sie kocht gerade das Essen für ihren Toni und freut sich darauf, wie gut es ihm schmecken wird.

Nun wird der **Protagonist** mit einem **Ding** (oder einem *Falken* – oder einer *anderen Figur*) zusammengebracht.

• Unsere Heldin hört die Klingel. Sascha, ein alter Bekannter, kommt mit seinem Hund vorbei. Es wird angedeutet, dass die beiden schon einmal ‚etwas zusammen hatten'. Aber sie ist sich nicht so sicher, ob sie der Verlockung nachgeben darf oder soll. Das alles geht ihr durch den Kopf, während sie in die Hocke geht, um den Hund zu streicheln. Aber die Versuchung ist übermächtig. Ihr wird schwindelig. Am Ende weiß sie jedoch, dass es ihnen beiden nicht gut tun würde.

Eins noch: Soll unser Gedicht einen Endreim aufweisen? Zunächst ja – weil es schwieriger ist, gute Gedichte zu schreiben, die nicht gereimt sind. (Über Reime sprechen wir noch etwas ausführlicher.)

Und noch ein Tipp für Slam-Poeten: Auch in einer Prosa-Erzählung erfreuen sich die Zuhörer am Klang von einzelnen gereimten Zweizeilern, die in den Text eingebettet wurden.

Marc Mandel: Katharina Clementina

katharina clementina heißt die primaballerina
schmale augen keine knochen
kam sie jüngst aus indochina
alle mimen alle tänzer
sagen: so was war noch nie da
haare schwarz wie dunkle nächte
lippen rot wie corallina

sie vergöttern katharina clementina seit der probe
doch sie ignoriert die blicke
geht allein zur garderobe
alle wundern sich
sie tuscheln
nicht die kleinste episode?
selbst der inspizient ist sicher
sie steigt einsam aus der robe

doch die geigerin sabine
ging in kathrins dress-kabine
denn die zierliche blondine
schrieb ein lied ihr mit septimen
es erklingt die violine
ist das wirklich die sabine?

andantino[3]
amoroso[4]
expressivo[5]
maestoso[6]
risoluto[7]
sostenuto[8]
bis allegro giocoso[9]

gläser klirren
stäubchen flirren
tanzen bebend
grazioso

Aus: Mädchenlieder – MARC MANDEL 2015

3.2 Kleinschreiben – Zeichen setzen?

Diese Fragen stellen sich, sobald die ersten Notizen auf dem Papier stehen.

Die Varianten sind so vielfältig wie die Dichter und die angeführten Gründe. Einige werde ich hier aufzeigen. Es liegt an der Individualität des Dichters, welche er auswählt.

Was ich aufzeige (oder empfehle), ist immer nur einer von vielen möglichen Wegen.

• Zunächst richten wir uns bei der Orthografie nach der gültigen **Rechtschreibnorm**. Das entlastet die Entscheider für die Publikation in Büchern oder Zeitschriften.

3 ein wenig schneller als Andante
4 lieblich, liebevoll, mit Leidenschaft
5 ausdrucksstark
6 majestätisch
7 entschlosen, zupackend
8 getragen, nachdrücklich, gewichtig
9 schnell/freudig, verspielt

- Alle Wörter (auch die *Substantive*) **können** in Gedichten, im Gegensatz zur Norm, **klein** geschrieben werden. (Dadurch wird das Bild in den meisten Schriftarten ruhiger und leichter lesbar.)

- **Wer will, kann das erste Wort einer Zeile** groß schreiben; es erleichtert manchmal die Lesbarkeit, falls eine Zeile umbrochen werden muss.

- Alle **Anredewörter** und **Eigennamen** könnten groß geschrieben werden – die Rechtschreibnorm erlaubt dies und es wirkt höflicher.

- Mit **Satzzeichen** gehen wir Lyriker so sparsam wie möglich um.

Der Text wird **zentriert** oder **linksbündig** (vor allem bei längeren Zeilen) gesetzt. Wofür wir uns am Ende entscheiden, hängt mit dem gewünschten *Druckbild* zusammen. In den meisten Fällen entscheiden dies jedoch Verlagsmitarbeiter nach ihren eigenen Kriterien.

Die jeweilige Rechtschreibnorm ist ein Spiegel der Zeit, in der das Werk gedruckt wird. Wer das Glück hat, in einer Erstausgabe von GOETHES *Werther* zu blättern, wird über die Schreibweise und die Satzzeichen staunen. Gedichte, die in diesem Buch publiziert werden und nicht von mir sind, stammen zwar meist aus Druckwerken des neunzehnten Jahrhunderts, wurden jedoch behutsam den derzeit gültigen Normen angeglichen.

Die Groß- und Kleinschreibung entspricht in den übernommenen Werken ebenfalls der derzeitigen Konvention (im Gegensatz zu der von mir bevorzugten Kleinschreibung).

Johann Wolfgang von Goethe: Erlkönig

Wer reitet so spät durch Nacht und Wind?
Es ist der Vater mit seinem Kind;
Er hat den Knaben wohl in dem Arm,
Er fasst ihn sicher, er hält ihn warm.

Mein Sohn, was birgst Du so bang dein Gesicht?
Siehst Vater, du den Erlkönig nicht?
Den Erlenkönig mit Kron und Schweif?
Mein Sohn, es ist ein Nebelstreif.

»Du liebes Kind, komm, geh mit mir!
Gar schöne Spiele spiel ich mit Dir;
Manch bunte Blumen sind an dem Strand,
Meine Mutter hat manch gülden Gewand.«

Mein Vater, mein Vater, und hörest du nicht,
Was Erlenkönig mir leise verspricht?
Sei ruhig, bleibe ruhig, mein Kind;
In dürren Blättern säuselt der Wind.

»Willst, feiner Knabe, Du mit mir gehn?
Meine Töchter sollen dich warten schon;
Meine Töchter führen den nächtlichen Reihn
Und wiegen und tanzen und singen Dich ein.«

Mein Vater, mein Vater, und siehst du nicht dort
Erlkönigs Töchter am düstern Ort?
Mein Sohn, mein Sohn, ich seh es genau:
Es scheinen die alten Weiden so grau.

»Ich liebe Dich, mich reizt deine schöne Gestalt;
Und bist Du nicht willig, so brauch ich Gewalt.«
Mein Vater, mein Vater, jetzt fasst er mich an!
Erlkönig hat mir ein Leids getan!

Dem Vater grauset's, er reitet geschwind,
Er hält in den Armen das ächzende Kind,
Erreicht den Hof mit Mühe und Not;
In seinen Armen das Kind war tot.

JOHANN WOLFGANG VON GOETHE 1782

3.3 Takt und Rhythmus

Um Gedichte zu mögen ist es nicht notwendig, einen *Amphibrachys* von einem *Daktylus* unterscheiden zu können. (Im Anhang steht genau, wie man sie auseinanderhält.)

Noch besser: Wem ein Gedicht gefällt, kann nach diesem Rhythmus-Muster einfach etwas Eigenes schreiben; die Gedichtformen sind so alt, dass niemand ein Urheberecht darauf geltend machen kann. Beginnen wir also mit einem einfachen Beispiel. Die fromme Helene von WILHELM BUSCH beginnt so:

Wilhelm Busch: Die fromme Helene

Wie der Wind in Trauerweiden
Tönt des frommen Sängers Lied,
Wenn es auf die Lasterfreuden
In den großen Städten sieht.
[...]
WILHELM BUSCH 1872

• In diesem Rhythmus geht das im ersten *Kapitel* dreizehn Strophen lang so. (Dabei gibt es siebzehn Kapitel und einen *Schluss*.) Worauf kommt es beim *Rhythmus* an? Vor allem auf die **betonten** und die **unbetonten** Silben.

• Unter den verschiedenen Möglichkeiten der Notation habe ich die folgende ausgewählt: Wir setzten für **betonte Silben** einen **Strich** und für **unbetonte** einen **Punkt**. So erhalten wir für das erwähnte Gedicht folgendes Muster:

-.-.-.-.
-.-.-.-
-.-.-.-.
-.-.-.-

Dieses Muster muss nun mit Inhalt gefüllt werden. (Wir kommen gleich darauf zurück.) Zunächst stellen wir uns wieder einige Fragen.

3.4 Was gehört an den Anfang?

Am Anfang werden wenigstens zwei der bekannten **sechs Ws** beantwortet:

Wer? Was? Wie? Wo? Wann? Warum?
(In diesem Werk verwende ich die Begriffe Zeile und Vers übrigens synonym – sie bedeuten bei mir also das Gleiche. Dass es Sprachwissenschaftler gibt, die das anders sehen, soll uns momentan nicht kümmern.)

Idealerweise beginnen wir **provokant** oder **geheimnisvoll**, vielleicht auch **skurril** oder **emotional**. In jeder folgenden *Strophe* kommt etwas *Neues* hinzu. Wie das geht, haben wir schon gesehen.

In dem folgenden Gedicht geht es wieder um Erotik. Genauer gesagt um eine *Dreiecksgeschichte*.

• Greta hat Schwierigkeiten, sich zwischen Josef und Peter zu entscheiden. Die Sache lässt sich nicht verheimlichen, weil beide Männer zusammen wohnen und miteinander befreundet sind. Dabei könnten die beiden unterschiedlicher kaum sein. Als Josef sie drängt, sollen Würfel oder Karten darüber entscheiden, wer Greta bekommt. Als das nicht funktioniert, zieht Greta schließlich bei beiden aus.

Humoristisch wirkt hier am Ende die couplethafte Wiederholung von ‚längerwierig'.

Marc Mandel: Greta

greta
sagt man
liebt den peter
doch den josef mag sie leiden
zwischen peter und dem josef
will sie sich noch nicht entscheiden
josef ist der freund von peter
niemals sah man beide streiten
peters greta liebt das feuer
deshalb flirtet sie
mit beiden

josef wohnt und lebt bei peter
das allein
macht es schon schwierig
scheint der peter wie ein lämmchen
ist der josef eher stierig
während peter ein genießer
gilt der josef meist als gierig
greta mag sie alle beide
und am liebsten
längerwierig

josef drängt sie
zu entscheiden
damit endlich wieder frieden
würfel oder karten sollen
allen gleiche chancen bieten
doch die würfel und die karten
sagen leider: unentschieden

da macht greta schluss mit beiden
denn der streit ist unergiebig
kurzfristig und wechselweise
scheint es greta doch zu schwierig
dabei hätt' sie alle beide
doch am liebsten
längerwierig

Aus: Mädchenlieder – MARC MANDEL 2015

Wollten wir nach diesem Muster (also in dieser Form mit gleicher Silbenzahl, gleicher Verszahl und gleichen Betonungen) ein eigenes Gedicht schreiben, sähe das Skript so aus:

-.-.-.-.-.-.-.-.
-.-.-.-.-.-.-.-.
-.-.-.-.-.-.-.-.
-.-.-.-.-.-.-.-.

-.-.-.-.-.-.-.-.
-.-.-.-.-.-.-.-.
-.-.-.-.-.-.-.-.
-.-.-.-.-.-.-.-.

-.-.-.-.-.-.-.-.
-.-.-.-.-.-.-.-.
-.-.-.-.-.-.-.-.

¯.¯.¯.¯.¯.¯.¯.¯.
¯.¯.¯.¯.¯.¯.¯.¯.
¯.¯.¯.¯.¯.¯.¯.¯.

- Jeder merkt sofort: Das sieht etwas anders aus als das Originalgedicht. Es liegt daran, dass dort aus klanglichen Gründen öfter umbrochen wurde. Aber der Rhythmus ist identisch.

Wenn das Gedicht einen **Refrain** oder eine **Coupletzeile** hat, finden wir dort die **Kernaussage** (*Hookline*) – die auch *parodistisch* sein kann und abgewandelt werden darf. Daran erkennt man meistens (aber nicht immer) *Reihengedichte.*

Marc Mandel: Klimawandel

steig ich morgens in die bahn
rb sechs uhr fünf nach kandel
spricht mich gleich mein nachbar an
furchtbar sei der klimawandel

co zwei macht ihn nervös
bio-kaffee – fairer handel
schenkt er ein mir – generös
ich genieße – klimawandel

reicht mir stückchen aus der tasche
fein paniert mit nuss und mandel
hochprozente aus der flasche

rezitiert ein stück von jandl
spricht vom nippel und der lasche
feiern wir den klimawandel

MARC MANDEL 2018

Wir schreiben uns auch davon ein Muster.

-.-.-.-
-.-.-.-.
-.-.-.-
-.-.-.-.
-.-.-.-
-.-.-.-.
-.-.-.-
-.-.-.-.
-.-.-.-.
-.-.-.-.
-.-.-.-.
-.-.-.-.
-.-.-.-.
-.-.-.-.

3.5 Die erste Strophe

Wollen wir reimen? Für den Anfang ist das wahrscheinlich einfacher. Später kann jeder tun, was er will. Also reimen wir zunächst einmal. Ach so: was heißt das eigentlich?

Von **Reimen** sprechen wir, wenn bei zwei Versen die Wörter ab der **letzten betonten Silbe** gleich klingen. Ist die letzte *Silbe* betont, brauchen wir *einsilbige Reime,* zum Beispiel reimt sich *Lust* auf *Frust.*

Wenn die letzte *Silbe* unbetont ist, müssen wir nach *zweisilbigen Reimen* suchen. Beispielsweise reimt sich *Männer* auf *Penner.* Weitere Beispiele sind in den abgedruckten Gedichten zu finden.

Schauen wir uns noch einmal unser erstes Muster an, (also *Die fromme Helene* von dem unsterblichen WILHELM BUSCH).

Worüber schreiben wir?

Nun: Es gibt Menschen, die kommen morgens nicht leicht aus dem Bett – insbesondere, wenn es am Abend spät war. Darüber schreiben wir. Wir versuchen, den ersten Vers zu füllen.

ach wie schwer fällt es am morgen
-.-.-.-
-.-.-.-.
-.-.-.-

Das ist nicht besonders originell – aber immerhin ein Anfang.

ach wie schwer fällt es am morgen
ohne wecker aufzustehn
-.-.-.-.
-.-.-.-

Klingt schon ganz gut. Wenn sich zwei aufeinander folgende Verse reimen, sprechen wir übrigens von *Paarreimen* (aabb). Reimt sich immer der zweite Vers, nennen wir das *Kreuzreim* (abab). Wir geben den Reimen also einfach fortlaufende Buchstaben.

- Bauen wir eine *ungereimte Zeile* (eine *Waise*) ein, bekommt sie ein x als Reimzeichen.

Ich schlage hier mutig einen *Kreuzreim* vor. Die Reimzeichen schreiben wir in unser Muster.

ach wie schwer fällt es am morgen a
ohne wecker aufzustehn b
-.-.-.-. a
-.-.-.- b

Bevor wir jetzt weiter machen, suchen wir Reimwörter für die dritte und vierte Zeile (falls wir uns für Kreuzreime entschieden haben).

Reimen muss es sich immer ab der letzten betonten Silbe. Im ersten Vers muss sich etwas auf *Morgen* reimen. Bei *aufzustehn* braucht sich nur die Silbe *stehn* zu reimen. Also schreiben wir:

ach wie schwer fällt es am morgen
ohne wecker aufzustehn
-.-.-. morgen
-.-.-. stehn

Reimwörter finden wir durch Nachdenken – oder in einem Reimlexikon. So etwas gibt es kostenlos im Netz. Wenn wir dort ‚Morgen' eingeben, finden wir unter anderem ‚sorgen' und ‚borgen'. Für die vierte Zeile finden wir beispielsweise ‚zehn', ‚Feen' und ‚Seen' – oder auch ‚schön'. Wir schreiben uns interessante Reimwörter auf und befüllen die Zeilen probehalber:

ach wie schwer fällt es am morgen
ohne wecker aufzustehn
-.-.-. sorgen
-.-.-. zehn

Nun ist es leicht, die Leerstellen zu befüllen:

ach wie schwer fällt es am morgen
ohne wecker aufzustehn
denn der morgen bringt auch sorgen
deshalb schlafe ich bis zehn

Daran können wir jetzt ‚herumschrauben' bis wir zufrieden sind. Denken wir auch daran, dass ein *Binnenreim* (also ein Reim innerhalb der Zeile) oft gut klingt. *Morgen* und *sorgen* bilden einen solchen *Binnenreim*.

Am Ende könnte unser Anfang eines neuen Gedichtes so lauten:

steckt der morgen voller sorgen
schlafe ich ganz gern bis zehn
zeit – die kann man sich nicht borgen
war das träumen noch so schön

Erinnern wir uns: Aufsehen erregt am Anfang etwas, das ***provokant*** ist, ***skurril*** oder ***emotional*** *klingt* – also etwas, das manche Zuhörer oder Leser ***aufregt***. Wir könnten beispielsweise formulieren:

Marc Mandel: Gekrümmte Zeit

so ein-morgen voller sorgen
heute schlafe ich bis zehn
zeit – die kann man sich nicht borgen
jetzt ein vollbad – das wär schön

MARC MANDEL 2018

Natürlich darf es manchmal derb sein – muss es aber nicht. Aufmerksam werden Leser schon bei einer Gaststätte mit dem Namen ‚Zur Bohrmaschine'.

Marc Mandel: Columbine

dieter trifft die columbine
in der bar zur bohrmaschine
schon sehr lange zahlt er miete
denn er wohnt bei columbine
columbine sitzt am tresen
mit gequälter leidensmiene
ordert bei der azubine
eine süße apfelsine

dieter bert
ihr untermieter
reibt beflissen seinen kinnbart
er beäugt die columbine
träumt
dass sie mit wimpern klimpert
dieter sorgt für zwei likörchen
columbine ihn nicht hindert
denn es gilt
auch für vermieter
dass likör die sorgen
lindert

dieter sieht
enorm zufrieden
columbines frohe miene
lächelt zaghaft erst
dann breiter
durch die gläserne vitrine
ordert bei der kellnerine
cocktails
die der laune dienen

es vergehen zehn minuten
columbine kommt zu dieter
nie zuvor war'n sie sich näher
denn er ist noch immer mieter
doch nach einer halben stunde
ist der dieter ihr gebieter

Aus: Mädchenlieder – Marc Mandel 2015.

• Hier geht es wieder um ein nicht alltägliches *Sujet:* Ausgerechnet in der ‚Bar zur Bohrmaschine' trifft Dieter Columbine. Das Besondere daran ist, dass Dieter ihr Untermieter ist.

• Columbine geht es nicht gut heute. Darum spendiert er ihr einen Likör. Die Laune hebt sich und sie steigen auf alkoholische Cocktails um. Am Ende sind sie ein Paar.

3.6 Unreine Reime und Binnenreime

Mit den Reimen kann es Probleme geben; jeder soll in einem Gedicht möglichst nur *einmal* auftauchen.

Nötigenfalls behelfen wir uns mit unreinen Reimen – wie ‚Ganzen' und ‚Hansen'. Unreine Reime fallen kaum auf, wenn sie nicht gleich in der nächsten Zeile auftauchen – und wenn sie nicht gerade am Ende einer Strophe stehen.

Wie sie geschrieben werden, ist für den Reim allerdings unerheblich: Es kommt nur auf den Klang an. So reimt sich ‚Bäcker' wunderbar auf ‚lecker'.

Unsere Gedichte gewinnen ohnehin, wenn sie vorgetragen werden. Und dann sieht niemand das Schriftbild.

Marc Mandel: Samstagabend

wie liebt er den samstagabend
wenn um achtzehn uhr gediegen
wunderbar die glocken schlagen
doch er muss die wäsche bügeln

MARC MANDEL 2018

Das sind keine wirklichen Reime – aber das fällt aus verschiedenen Gründen beim mündlichen Vortrag kaum auf.

• Vor allem humoristische Gedichte sind gespickt mit unreinen Reimen. Solange die Leser oder Zuhörer lachen, wird niemand Anstoß daran nehmen.

Marc Mandel: Anke

alexander liebt das wildbret
diesmal brät er fleisch vom panther
ihn besucht in seiner tanke
anke mit der efeuranke
so ihr pseudonym bei google
sie verstanden schnell einander
ihre e-mails sind girlanden
auf ihr antlitz ist gespannt er

endlich eine gertenschlanke
das ist selten hierzulande
dimmt herunter seine lampe
döst leicht ein in seiner tanke
doch mit bühnenreifer flanke
wirbelt anke in die tanke
pronto sie will bio tanken
password ist die efeuranke

langsam schüttelt alexander
seinen schädel kein gedanke
einer frau erfüll' ich manchmal
wünsche die sie selbst nicht kannte
ihr bleibt nur nach luft zu schnappen
seltsam kleinlaut schrumpelt anke

denn sie fühlt hier hilft kein strampeln
alexander nimmt den mantel
frisch verliebt in einer tanke
alexander und auch anke

er hält wort erfüllt ihr wünsche
die sie vorher selbst nicht kannte

Aus: Mädchenlieder – MARC MANDEL 2015

Besonders gut merken lassen sich Zeilen, in denen Reime kurz hintereinander folgen, sogenannte **Binnenreime**.

Marc Mandel: Drama der Sinne

im boot sitzt claude
der schlot droht rot
die elb gewellt
das zelt grell-gelb
mit ungestüm
blüht kühn das grün
im rauen bau
ein pfau schaut blau

vom quarz im harz
die darts sind schwarz
vom haun kaum down
der braune baum
ein stau braut lau
ein chow kaut grau
feist beißt ein greis
das dreiste weiß

die gleißend weißen geister kreisen
der kühne grüne dünen-hüne
gewellte gelbe helden kälte

es drohte claude ganz rot am schlote
am rauen blauen grauen zaune
ließ er die braunen faunen staunen

MARC MANDEL 2015

3.7 Die richtigen Wörter

Gedichte sind keine wissenschaftlichen Hausarbeiten. Da sie auch mündlich wirken sollen, fordern sie **konkrete Wörter**; *abstrakte* oder *bürokratische* Ausdrücke machen *Lyrik* sperrig. Substantivierte Verben stören am meisten, wenn sie auf -ung, -heit, -keit, -ion etc. enden.

Wir benutzen so oft wie möglich Verben, die etwas *bewegen.*
Zum Beispiel: springen, werfen, rennen, purzeln

Auch *Substantive* sollten bildhaft sein, so dass sich die Leser darunter etwas vorstellen können.
Zum Beispiel: Augen, Wimpern, Brauen, Stirn

Adjektive und *Adverbien* verwenden wir nur, wenn sie dem Inhalt etwas Wesentliches zusetzen. Wenn es möglich ist, verzichten wir darauf und formulieren um.
Zum Beispiel: glaszersplitternde Stimme
Besser: Wenn sie spricht, zerspringen dicke Gläser.
Zum Beispiel: Sie begrüßt ihn herzlich
Besser: Sie drückt ihn so fest, dass die Passanten sich umdrehen.

Wenn die umformulierten Sätze etwas länger werden, grämen wir uns nicht: Es muss nicht jede Aussage in eine Zeile passen.

• Was klares und verständliches Schreiben bedeutet, habe ich ausführlich in meiner Stilfibel Machen! (chiliverlag 2016) erläutert, die im bibliographischen Anhang auftaucht.

3.8 Uneigentliches Sprechen *(Tropen)*

Ein Tropus (lateinisch Wendung) bedeutet, dass etwas anderes gesagt wird, als gemeint ist. Für Gedichte sind die folgenden Tropen wichtig (die auch der Deutsch-Unterricht kennt):

- Vergleich
- Metonymie
- Ironie
- Metapher
- Symbol

3.8.1 Der Vergleich *(die Analogie)*

Vergleiche sind sprachliche **Bilder**. *Bilder* sind nicht nur, was das **Auge** sieht. Gleichwertig nehmen wir auf, was das **Ohr** hört, unsere **Nase** riecht, unsere **Zunge** schmeckt und unsere **Haut** fühlt. Sie beschränken sich nicht auf *Substantive*; ‚ranzige Vorwürfe', ‚salzige Küsse', ‚geräuschvolle Farben' etc. sind ebenfalls *Bilder.*

In der *Umgangssprache* erkennen wir den *Vergleich* an der *Konjunktion* ‚wie': ‚Er hat einen Kopf wie ein Rathaus.' **Wer ein Gedicht schreibt, sollte es so formulieren, dass er auf die Konjunktion *‚wie'* verzichten kann**, beispielsweise: ‚Sein Kopf ist ein Rathaus.'
Wir formulieren ‚ihre Lippen sind ein Versprechen', ‚ihr Blick ist ein Vorwurf', ‚ihr Kleid ist eine Provokation' oder ‚sie spielt Klavier in Lichtgeschwindigkeit'. Bildhaft wäre auch ‚er fährt einen Panzer', wenn ein S.U.V. gemeint ist. Wer so kräftig formuliert, darf *gelegentlich* auch ein ‚wie' einstreuen.

Marc Mandel: Wilhelmine

neben einer blechlawine
in antiker burgruine
hinter einer guillotine
in der alten tonkabine
vor der aufnahmevitrine
mikrofon und bandmaschine
wilhelmine trifft christine
hier euterpe froh zu dienen

wilhelmines violine
spielt von alighieri dante
eine kleine sonatine[10]
moderato bis andante[11]
mandolinenhafter taumel
zaubert tines engelsmiene
denn die saiten bis zum rande
leckt die zunge von christine

als jedoch die violine
scherzos[12] intoniert für tine
küsst sie hitzig wilhelmine
legt rasch ab die konventinen[13]
tine streichelt wilhelmine
und sie streicht die violine

wilhelmine herzt die wangen
und die nase von christine
lippen weich wie süße terzen[14]
die doch stets geschlossen schienen

---

10 kleine Sonate
11 mäßig bis gehend
12 (meist) der dritte Satz einer sonate
13 Konventionen
14 Terz = der dritte Ton der Tonleiter

kerzen lodern scherzos scherzen
für christin und wilhelmine

Aus: Mädchenlieder – Marc Mandel 2015

3.8.2 Die Metonymie

Hier hat das Gesagte eine gewisse *Ähnlichkeit* mit dem Gemeinten. Mit der Frage „Wo stehst Du?“ wird beispielsweise das Gegenüber entweder nach dem *Standort des Autos* oder dem *Standpunkt des Angesprochenen* gefragt.

Dazu gehört auch, wenn ein Teil durch ein *Ganzes (pars pro toto)* ersetzt wird oder umgekehrt *(totum pro parte).*

- „Deutschland ist Weltmeister.“ (Die DFB-Elf ist Weltmeister.)
- „Er wohnt unter meinem Dach.“ (Er wohnt in meinem Haus.)
- „Gib mir mal ein Tempo®.“ (Gemeint ist ein Papiertaschentuch.)

Ähnlich verhält es sich bei *Allegorien* oder *Personalisierungen (Justizia* steht mit Waage, Schwert und Augenbinde für das *Recht*).

Angehende Dichter sollten sich mit *Metonymien* zurückhalten. Meist können wir uns konkreter ausdrücken.

3.8.3 Die Ironie

Es wird das Gegenteil dessen gesagt, was gemeint ist: „Die sieht aber gut aus“.

Ich warne angehende Dichter davor, weil nicht jeder *Ironie* **versteht.** Wird *Ironie* hingegen (in einem Dialogeinschub) wörtlich verstanden, ergibt sich ein lustiger Effekt.

Wird allerdings (wie im Folgenden) ein ganzes Gedicht ironisch geschrieben, kann auch das lustig sein.

Marc Mandel: Gabi Lotte

alle mögen gabi-lotte
weil sie hüpft wie eine motte
gabi-lotte liebt getränke
nicht als einzige marotte
denn sie friert leicht
auch im sommer
in gepolsterter klamotte
mag den grog
wie auch den glühwein
und den ofen aus schamotte

deshalb feiert sie am liebsten
bei hans-werner in der grotte
sie zahlt nie
obwohl er schotte
denn er mag die gabi-lotte
noch beim trinken wird sie fröhlich
sie steht auf und tanzt gavotte
weil:
ihr ahne war ein winzer
der kam einst als hugenotte

gabi-lotte träumt vom fliegen
sonnig in den wolken liegen
sich zu wiegen
sich zu biegen
süßen trieben zu erliegen
doch sie fröstelt

geht zur pritsche
in den schlafsack
sich zu schieben

hart am ofen der taverna
schläft sie
ohne viel gehampel
hoch gehoben von hans werner
sie sich wehrt
zum schein
sie strampelt
dabei liebt sie die extase
bis sie froh das bett zertrampelt

Aus: Mädchenlieder – MARC MANDEL 2015

3.8.4 Kühne Metaphern – ein Rezept

Metaphern sind dem *Gemeinten* oft überhaupt nicht ähnlich. Aber das *Gesagte* hat gleiche Eigenschaften, wie das *Gemeinte* (das *tertium comparationis*). **Abgenutzte und blasse Metaphern („Der Fuß des Berges") eignen sich nicht für die Lyrik.**

Metaphern sind jedoch nützlich, weil der Dichter bestimmte Ausdrücke nicht wiederholen muss. Interessant sind deshalb **kühne Metaphern**, die der Dichter selbst entwickelt.

Die Technik, eine *kühne Metapher* zu finden, funktioniert folgendermaßen.

- Wir suchen einen (abstrakten) **Begriff,** zum Beispiel *Hass*.
- Wir suchen Eigenschaften dieses Begriffs: Hass **verzehrt**, ist **kaum zu stillen**, macht **krank**, macht **blind** etc.

• Wir suchen etwas, dass diese Eigenschaft ebenfalls besitzt, zum Beispiel **Liebe**, **Hunger** oder **Gier**.
• Wir ersetzen den ursprünglichen Begriff durch unsere *Metapher* „gierig sticht er zu" (statt „voller Hass sticht er zu").

3.8.5 Das Symbol

Typisch für das *Symbol* ist, dass es dem Gemeinten überhaupt **nicht ähnlich** ist. (Das nennen Fachleute *arbiträr.*) Deshalb ist die Zuordnung von der Gesellschaft **gesetzt**; sie hat sich also **eingebürgert**. (Sie ist *konventionalisiert*, wie die Sprachwissenschaftler sagen.)

So steht das Kreuz für das Christentum, der Halbmond für den Islam und der sechszackige Stern für das Judentum. Es gibt Tabellen und dicke Bücher über Symbole und ihre Bedeutungen.

Weil man dies im Mittelalter und der Frühen Neuzeit überstrapazierte, tauchen *Symbole* in aktueller *Lyrik* glücklicherweise kaum noch auf – was auch daran liegt, dass kaum noch jemand die althergebrachten *Symbole* versteht.

Marc Mandel: Circulus Vitiosus

ein buch papaver rot
ein runder würfel
das futteral verziert mit pflaum und kirsch
ein panther winkt dem mörser mit dem stößel
der tiegel harrt
pistill und mörserholz

der teufel schiebt den vorhang rasch zur seite
geballte faust
verbissenes gesicht

ein papagei sucht lüstern nach dem naschwerk
verdeckt nur sacht das überreife obst

ein auge gelb
das andre grün geweitet
gekrümmte finger
splitternackte haut
verlöscht im spiel die kerze
birst der spiegel

maschinen
rost
ruinen
grün bemoost
die uhr voll sand
verwelkt und grau die blume
frau welt versteckt ein bocksfell in der hand

MARC MANDEL 2014

Bis in das siebzehnte Jahrhundert war diese *Symbolik* vermutlich den gebildeten Lesern bekannt. Das ist heute anders. Wer Lust hat, kann trotzdem versuchen, diese *Symbole* mithilfe eines Nachschlagewerkes zu entziffern.

(Tipp: Es geht um die sieben *Todsünden* und die genannten *Symbole* waren vor allem in der barocken Kunst populär.)

3.8.6 Kippfiguren

Eine **Pointe** steht einem Gedicht nicht nur am Ende gut an. In der *Pointe* kippt der ursprüngliche Sinn; eventuell hat der Dichter auch bewusst einen falschen Zwischensinn aufgebaut.

Schauen wir uns die **Pointe** noch in zwei dieser japanischen Kurzgedichte an:

Marc Mandel: Haiku 3

regen bringt segen
sagt im frühling der jogger
und der regenwurm

MARC MANDEL – 2018

Marc Mandel: Haiku 4

genuss und fitness
sind natürliche feinde
aber nicht beim sex

MARC MANDEL – 2018

In einer Kippfigur passiert das Gegenteil des Erwarteten. Wenn wir in einem Werk nicht weiterkommen, fragen wir uns immer: ***Was wäre jetzt das Schlimmste, was passieren könnte?***

Sehen wir uns eine *Ballade* (so kann man ein *Erzählgedicht* nennen) daraufhin an, wie oft wir durch *das Unerwartete* überrascht werden.

Johann Wolfgang von Goethe: Der Zauberlehrling

Hat der alte Hexenmeister
Sich doch einmal wegbegeben!
Und nun sollen seine Geister
Auch nach meinem Willen leben.

Seine Wort' und Werke
Merkt ich und den Brauch,
Und mit Geistesstärke
Tu ich Wunder auch.

Walle! walle
Manche Strecke,
Dass, zum Zwecke,
Wasser fließe
Und mit reichem, vollem Schwalle
Zu dem Bade sich ergieße.

Und nun komm, du alter Besen!
Nimm die schlechten Lumpenhüllen;
Bist schon lange Knecht gewesen:
Nun erfülle meinen Willen!
Auf zwei Beinen stehe,
Oben sei ein Kopf,
Eile nun und gehe
Mit dem Wassertopf!

Walle! walle
Manche Strecke,
Dass, zum Zwecke,
Wasser fließe
Und mit reichem, vollem Schwalle
Zu dem Bade sich ergieße.

Seht, er läuft zum Ufer nieder,
Wahrlich! ist schon an dem Flusse,
Und mit Blitzesschnelle wieder
Ist er hier mit raschem Gusse.
Schon zum zweiten Male!
Wie das Becken schwillt!
Wie sich jede Schale
Voll mit Wasser füllt!

Stehe! stehe!
Denn wir haben
Deiner Gaben Vollgemessen! –
Ach, ich merk es! Wehe! wehe!
Hab ich doch das Wort vergessen!

Ach, das Wort, worauf am Ende
Er das wird, was er gewesen.
Ach, er läuft und bringt behende!
Wärst du doch der alte Besen!
Immer neue Güsse
Bringt er schnell herein,
Ach! und hundert Flüsse
Stürzen auf mich ein.

Nein, nicht länger
Kann ichs lassen;
Will ihn fassen.
Das ist Tücke!
Ach! nun wird mir immer bänger!
Welche Miene! welche Blicke!

O, du Ausgeburt der Hölle!
Soll das ganze Haus ersaufen?
Seh ich über jede Schwelle
Doch schon Wasserströme laufen.
Ein verruchter Besen,
Der nicht hören will!
Stock, der du gewesen,
Steh doch wieder still!

Willsts am Ende
Gar nicht lassen?
Will dich fassen,
Will dich halten
Und das alte Holz behende
Mit dem scharfen Beile spalten.

Seht, da kommt er schleppend wieder!
Wie ich mich nur auf dich werfe,
Gleich, o Kobold, liegst du nieder;
Krachend trifft die glatte Schärfe.
Wahrlich! brav getroffen!
Seht, er ist entzwei!
Und nun kann ich hoffen,
Und ich atme frei!

Wehe! wehe!
Beide Teile
Stehn in Eile
Schon als Knechte
Völlig fertig in die Höhe!
Helft mir, ach! ihr hohen Mächte!

Und sie laufen! Nass und nässer.
Wirds im Saal und auf den Stufen.
Welch entsetzliches Gewässer!
Herr und Meister! hör mich rufen! –
Ach, da kommt der Meister!
Herr, die Not ist groß!
Die ich rief, die Geister
Werd ich nun nicht los.

»In die Ecke,
Besen! Besen!
Seids gewesen.
Denn als Geister
Ruft euch nur, zu seinem Zwecke,
Erst hervor der alte Meister.«

JOHANN WOLFGANG VON GOETHE 1827

Ein *Haiku* fordert immer eine *Pointe* in der dritten Zeile.

Marc Mandel: Haiku 5

ihre zunge dreht
eine wirbelnde polka
auf tropfnasser haut

MARC MANDEL 2016

4. Wir fassen zusammen

• Was ist unser **Thema**?
• Gibt es so etwas wie eine **Grundfarbe**? (schwarz? weiß? rot?)
• Wer oder was spielt die **Hauptrolle** im Gedicht (Mensch, jung, alt, Tier, Adventskalender, Fliederbaum, Wolken, Auto)?
• Mit welchem **Ding** wird der Protagonist konfrontiert?
• Wer **erzählt**? Wer wird **angesprochen**?
• Wie **lang** soll das Gedicht werden?
• Transportiert der Text eine **Geschichte** (***Erzählgedicht***)?
• Ist der Text eine **Momentaufnahme** (***Ausdrucksgedicht***)?
• Ist der Text ein **Bilderbogen** (***Reihengedicht***)?
• Soll es in dem Gedicht vor allem um den **Klang** gehen (***Kling-Klang-Gedicht***)?
• Welche Strophe wähle ich als **Muster**?
• Soll sich das Gedicht **reimen**?
• Jetzt setzen wir uns hin und schreiben. Dabei fragen wir uns:
• Ist der ***Anfang*** mehrdeutig, eine Frage, eine Provokation?
• Sind ***Spannungsbogen*** erkennbar?
• Hat das Gedicht einen ***Refrain*** oder eine ***Coupletzeile***?
• Wird der Leser **überrascht**?
• Steht am Ende eine ***Pointe***?

5. Anhang

5.1 Die wichtigsten Begriffe zum Metrum

5.1.1 Der **Jambus**
unbetont/betont *Berlin*
5.1.2 Der **Trochäus**
betont/unbetont *Raben*
5.1.3 Der **Daktylus**
betont/unbetont/unbetont *Märchenbuch*
5.1.4 Der **Anapäst**
unbetont/unbetont/betont *Zauberei*
5.1.5 Der **Amphibrachys**
unbetont/betont/unbetont *entstanden*
5.1.6 Der **Auftakt**
unbetonte Silbe am Anfang, die nicht gezählt wird
5.1.7 **Takte** – Hebungen und Senkungen
gezählt werden lediglich die Hebungen
männliche oder **stumpfe** Kadenz
Vers-Endung mit betonter Silbe
Was dieser heute ***baut***
weibliche oder **klingende** Kadenz
Vers-Endung mit unbetonter Silbe
nur Eitelkeit auf ***Erden***
5.1.8 Die **Alliteration**
Wörter beginnen mit dem gleichen Konsonanten
5.1.9 Das **Enjambement** (Zeilensprung)
Das Satzende fällt nicht mit dem Zeilenende zusammen.

5.2 Die wichtigsten Begriffe zum Reim

(Was ist ein *Reim*? Gemeint ist der Gleichklang ab dem letzten betonten Vokal.)

5.2.1 einsilbiger (männlicher) Reim Herz – Schmerz
5.2.2 zweisilbiger (weiblicher) Reim Liebe – Triebe
5.2.3 dreisilbiger (gleitender) Reim sauberer – Zauberer
5.2.4 unreiner Reim Gras – nass / Höhen – wehen
5.2.5 Assonanz (nur **Vokale** klingen gleich) Rappen – lacken
5.2.6 Reimschema aabb abba etc.
ungereimte Verse (Waisen) werden mit x bezeichnet

Paarreim	aabb ccdd
Kreuzreim	abab cdcd
umarmender Reim	abba cddc
Schweifreim	aabccb ddeffe
Kettenreim	aba bcb cdc
Binnenreim	schwarze starke Barke

5.3 Literatur

Burdorf, Dieter: Einführung in die Gedichtanalyse. Stuttgart: Metzler ^{3}2015.

Ich empfehle dieses Buch Deutsch-Lehrern sowie Germanistik-Studierenden und allen, die sich in die Lyrik-Analyse einarbeiten wollen.

Jakobs, Steffen: Der Lyrik-TÜV. Ein Jahrhundert deutscher Dichtung wird geprüft. Frankfurt: Eichborn 2007.

Mit Humor und Sachverstand untersucht Jacobs jeweils zehn Dichter aus zehn Jahren des zwanzigsten Jahrhunderts. Dabei erzeugt er eine diebische Lust, wieder einmal Gedichte zu lesen.

Mandel, Marc: Machen! Silben, Sätze, Sensationen. Verl: chiliverlag 2016.

Hier geht es um das Schreiben von Geschichten. Das ist jedoch gleichzeitig die beste Einführung in verständliches Schreiben.

Thériault, Denis: Siebzehn Silben Ewigkeit. München: dtv 2011.

In diesem kurzweiligen Roman geht es nicht nur um die Sinnlichkeit des Briefeschreibens, wie der Verlag angibt, sondern vor allem um die Faszination der Gedichtform Haiku.

Tobias, Ronald B.: 20 Masterplots – die Basis des Story-Building in Roman und Film. Übersetzt von Petra Schreyer. Berlin: Autorenhaus 2016.

Solche Grundmuster habe ich oben genannt.

Deutsche Lyrik vom Barock bis zur Gegenwart. Herausgegeben von Gerhard Huy und Sibylle von Steinsdorff. München: dtv ^{10}2002 [1980] (= dtv 12397).

Es gibt Tausende von Lyrikanthologien. Ich empfehle diese preiswerte Ausgabe, weil die abgedruckten dreihundert Gedichte einen repräsentativen Querschnitt durch die Lyrik der letzten vierhundert Jahre bieten.

Deutsche Lyrik von den Anfängen bis zur Gegenwart in zehn Bänden. Herausgegeben von Walter Killy. München: dtv 2001.

Dies ist mein Favorit unter den Lyrikanthologien. Die umfangreiche Sammlung erschien erstmals 1969 in neun Bänden unter dem Titel ‚Epochen der deutschen Lyrik'. Seit 2001 gehört ein Ergänzungsband dazu, der die Zeit von 1961 – 2000 abbildet. Antiquarisch wird die zehnbändige Ausgabe im Schuber preiswert bei booklooker®, ebay®, ZVAB®, Amazon® etc. angeboten.

5.4 Abgedruckte Gedichte

Marc Mandel

Foto: Ellen Eckhardt

Marc Mandel wurde 1948 in Friedrichsthal/Saar geboren. Er war viele Jahre als Rockmusiker und Hotelpianist unterwegs. Nach dem Besuch eines Abendgymnasiums, das er im Jahre 2000 mit dem Abitur verließ, studierte er in Frankfurt und Darmstadt Philosophie und Germanistik.

1968 schrieb er die ersten Kolumnen und satirischen Beiträge, die in Musikerzeitschriften sowie in Anthologien publiziert wurden. Daneben entstanden Aphorismen, Gedichte und Kurzgeschichten. Er ist seit 2002 als freier Journalist vor allem für das Darmstädter Echo tätig. Franziska Röchter veröffentlichte in ihrem chili-verlag in Verl 2014 die Kurzkrimi-Sammlung ***Morden***. 2016 erschien im gleichen Verlag seine Schreibfibel ***Machen!***.

Marc Mandel lebt als freier Schriftsteller in Griesheim bei Darmstadt. Er ist Dozent für kreatives Schreiben. Nähere Informationen: www.MarcMandel.Net

Marc Mandel, **Machen!: Silben, Sätze, Sensationen**
Marc Mandels minimalistischer Merkratgeber für
moderne Manuskriptmacher
ISBN 978-3-943292-4-11
196 Seiten, chiliverlag 2016, 9,90

In diesem Ratgeber *to go* zum guten Schreibstil, der aus Marc Mandels Dozententätigkeit in Seminaren über die Short Story und seiner eigenen Schriftstellerei erwuchs, erfährt der Leser u. a. etwas über „lesbare" Wörter, was das Lesen mit dem Essen zu tun hat, bekommt eine Liste der „verdächtigen" Wörter an die Hand und wird Augenzeuge eines Verhörs mit dem streng auf Verständlichkeit und Bildlichkeit zu prüfenden Text. Wer mehr möchte, kann in einfachen Übungen das Gelernte festigen. Noch schneller und kurzweiliger kann man sich nirgendwo über den Weg zur Schriftstellerei informieren. Ein echter Ratgeber-Quickie sozusagen für Menschen, die keine Zeit zu verschenken haben!

wir wölfe – Gedichte
Eine poetische Hommage an unsere Tierwelt
Anthologie, Hrsg. Franziska Röchter, Juli 2016,
Mit Fotos von Heike Großmann und Christine Zeides
chiliverlag, ISBN 978-3-943292-45-9
148 Seiten, Euro 9,90

Annähernd 60 Autorinnen und Autoren, unter ihnen Michael Starcke, Peter Ettl, Esther Ackermann, Thomas Rackwitz, Sören Heim, dichten über die Vielfalt und den Artenreichtum unserer Tierwelt. Aus den Gedichten und den Fotos von Heike Großmann und Christine Zeides spricht eine große Wertschätzung gegenüber Tieren und ein Erkennen ihrer unglaublichen Einzigartigkeit sowie Bewunderung ihrer Schönheit. Mal humorvoll, zunehmend aber auch ernsthaft werden Besonderheiten einiger Tierarten und Wissenswertes poetisch beleuchtet und ihr Dasein in Relation zum Menschen bespiegelt. Mit Gedichten des Anfang 2016 verstorbenen Bochumer Lyrikers Michael Starcke.

Fritz Deppert, **Klagelied winterzu**
ISBN 978-3-943292-57-2, chiliverlag 2017
84 Seiten, EURO 8,90

Fritz Depperts Texte sind Spiegel des Vergänglichen im Warten auf den Wandel der Jahreszeiten – persönliches Abschiednehmen und melancholisches Eintauchen in „traumsüchtigen Winterschlaf" als Hinweis darauf, dass sich dem Kreislauf der Natur niemand entziehen kann.

Klagelied

Nun sind die Blumen verwelkt,
die sie Dir aufs Grab gelegt haben.
Meine Tränen sind nicht getrocknet.
Unsere Liebe sagt mir, warum ich leide.
Aus in den Himmel fackelnden Zypressen
werfen Krähen mir Trauerfedern zu.

Alex Dreppec, **Tanze mit Raketenschuhen – Dance with Rocket Shoes: Wissenschaftsgedichte – Science Slam Poetry**
chiliverlag, November 2016, ISBN 978-3-943292-50-3,
180 Seiten, 12,00 Euro

Die vorliegende Zusammenstellung von Gedichten, die sich mit wesentlichen Gebieten wissenschaftlicher Disziplinen beschäftigen, um diese durchaus humorvoll zu durchleuchten und zu hinterfragen, ist absolut einzigartig. / The present compilation of poetry, which is about essential fields of academic and scientific disciplines in order to examine and question them in a humorous way, is absolutely unique.

Teile der vorliegenden zweisprachigen Sammlung erschienen vorab in angesehenen Zeitschriften wie „Cincinnati Review", „Notre Dame Review" (USA), „Orbis" (UK) oder „Das Gedicht". www.dreppec.de / Parts of the present bilingual collection were previously printed in renowned journals like „Cincinnati Review", „Notre Dame Review" (USA), „Orbis" (UK) or „Das Gedicht" (Germany). www.dreppec.de